小さな会社
ウェブマーケティングは
プランが9割

はじめに

・ＳＮＳから仕事を獲得したい
・ネットからの問い合わせを増やしたい
・ＹｏｕＴｕｂｅやＩｎｓｔａｇｒａｍで有名になりたい

あなたは、このように思ったことはありませんか。

今はソーシャル※全盛の時代で「フェイスブックをやっています」「毎日、ブログを書いています」「ＹｏｕＴｕｂｅをやっています」という方は少なくありません。

手軽に始められることもあって、フリーランス※や副業の方だけでなく、企業もソーシャルからの集客に力を入れています。

ところが、いざフタを開けてみると、「どんな投稿をしたら良いのかわか

【ソーシャル】

ＩＴ用語としては「ソーシャルメディア」「ソーシャルネットワーキングサービス（ＳＮＳ）」などのウェブサービスを略したり、総称したりする場合が多い。


【フリーランス】

特定の企業や団体、組織に専従せず、業務委託によって自らの技能を提供することで社会的に独立した個人事業

らない」「フォロワーが増えない」「いつの間にか投稿することが目的になっている……」などという壁にぶつかります。

「ソーシャルを頑張ることに意味はあるの？」

そんなふうに思い始めますが、それでも頑張って毎日毎日投稿。始めた以上、そう簡単にはやめられません。

ただ、頑張っても頑張っても結果が出ない！

結果が出ないので、良い情報がないかとネット検索！

すると！

「予算をかけずに集客しましょう！」

「※ランディングページを無料で作ります！」

「※バズらせます！」

こんな甘い情報が目に飛び込んできます。

「結局、プロ（広告代理店）に任せるほうが早いのか……」。

そんなふうに思うかもしれません。思うだけでなく、甘い言葉に飛びつい

主のこと。

【ランディングページ】
リスティング広告やSNS広告の遷移先となる縦長レイアウトのウェブページ。

【バズる】
多くの人に拡散され、注目を浴びるという意味。とくにSNSで使われることが多く、「バズる」投稿はたくさんの人の目に触れるという意味がある。

てしまったこともあるかもしれません。

でも、断言しておきます。

一発逆転のノウハウなんてありません。

甘い言葉に飛びついても、期待するような結果は得られません！

ネットに出まわっている情報で投稿を続けても、数多のライバルと差をつけることはできません！

大きなため息が聞こえてきそうですが、これが現実です。

急がば回れではないですが、ウェブを使って売上や集客で結果を出すためには、正しいウェブマーケティングを実践することが一番の近道です。

勘違いの犯人は誰だ！

ご挨拶が遅れましたが、私は２００５年にウェブマーケティングを軸とした株式会社アド・プロモートを設立して以降、延べ１５００を超える法人クライアントを支援してきました。

たくさんの方にお会いしてきたなかで、痛感していることがあります。

それは、「インターネットは無料」「お金をかけたら損をする」「簡単に集客できる」などと勘違いしている経営者が多いということです。


なぜ、勘違いをしてしまうのでしょうか。

その責任の一端は経営者ではなく、インターネット業界にあると思っています。


「予算をかけずに集客しましょう！」

「検索の1位になりましょう！」

「バズらせます！」


古くは「ホームページを作ったら、世界中の人がお客さんになります」なんて営業トークもありました。

つまり、仕事を受注するために、プロ（広告代理店）がウェブのことをわかっていない方に、おいしい話をしているのです。

結果として「インターネットは無料」「お金をかけてやったら損をする」「簡単に集客できる」などといった勘違いを生み出しています。

おいしい話なんてあるわけがないですし、そんなことは誰でも知っているはずですが、おいしい話を聞き続けたがために、感覚が麻痺してしまったのでしょう。

「ランディングページで集客できます」などという営業トークに、コロっと騙されてしまうのです。

それだけ悩んでいるのかもしれません。

でも、よく考えてみてください。

ランディングページを作ったというのは、たとえるなら、紙のチラシを作ったのと同じ状態です。

ただ作っただけで、そのチラシを配布しているわけでもなく、事務所に山のように積まれている状態です。

この状態では、当たり前ですが、集客できるわけがありません。

集客するなら、チラシをポスティング※したり、街で配ったりする必要があります。

チラシを撒かないといけないわけです。

ここで気づいてほしいのですが、チラシを撒くにしても「一通あたりいくら」というコストが発生するということです。

インターネットになると、こうした当たり前のこともなぜかわからなくなり、「ローリスク・ハイリターン」を求めてしまうようです。

とくにウェブ集客をわかっていないと「無料でできる範囲で集客しよう」などと考えがちです。

たしかに、手軽でリスクも少ないかもしれません。でも、それではリターンも少ないのです。

【ポスティング】
広告・宣伝を目的で、ビラやチラシを個宅の郵便受けへ直接投入すること。

たとえば、フリーランスの方がクラウドソーシング※を使うとします。便利ではありますが、報酬額の20%ほどが手数料として引かれることもあります。何よりクラウドソーシングの場合、報酬の相場が低めです。競争率も高いですから、苦労して案件を獲得して、きちんと納品をしても手数料が引かれて手元に残るのは……。

こうした構造は、ウェブ全般に共通することです。

無料でももちろん集客できます。

でも、無料の対価は、時間と労力であることを忘れるわけにはいきません。

【クラウドソーシング】Crowd（群衆）とSourcing（業務委託）を組み合わせた造語。仕事を発注したい企業や個人が、インターネットを通じて不特定多数の人に仕事を依頼したり、アイディアやデザインを募集したりするためのウェブサービスの名称として使われている。

設計図がないまま家を建てる!?

では、ウェブマーケティングで期待するような結果を得るためには何が必要なのでしょうか。たくさんの広告費でしょうか。

違います、場当たり的に、広告費を割くことには何の意味もありません。

期待する結果を得るために必要なこと。

それは「プラン」です。

ウェブを駆使して売上や集客を期待するなら、全体を俯瞰して組み立てた「プラン」が必要です。


前述した通り、これまでたくさんの経営者の方にお会いしてきましたが、プランを持っている方に出会うことはなかなかありませんでした。

しかし、プランがないままブログやＹｏｕＴｕｂｅ、ＩｎｓｔａｇｒａｍやＴｉｋＴｏｋを始めるのは、設計図がないまま家を建てるのと同じです。

これでは、表通りに面したところに風呂場を作ってしまうかもしれません。トイレのない家ができあがるかもしれません。

せっかく建てる家がそうならないためにも、ウェブを使って売上や集客を期待するなら「プラン」を持つことです。


風呂は北側にひっそりと、水場はひとつに固めるなど、住みやすい家にするためには、やはり知識や経験が必要であり、そのために設計屋さんがいるのです。

このことと同じように、「プラン」を立てるにも、最低限の知識と経験は必要です。

そのため、本書では、第1章で「プランを立てる前に知っておきたいウェブの真実」、第2章で「プランを立てる前に把握すべきこと」というように、プランを立てるうえで知っておきたい知識についてお伝えしています。

また、第3章では「プランを立てるための最低限の経験」、第4章では「プランを立てるまでの事前準備」として、実務として取り組むべきことについて解説しています。

そして、第5章では今という時代に踏まえておきたいウェブマーケティングの動向を、第6章では5つの事業のケーススタディをご紹介しています。

ここまでわかって、ようやくプランを立てる準備ができたということですから、少々面倒に感じるかもしれません。

しかし、繰り返しになりますが、ウェブを使って売上や集客で結果を出すためには、正しいウェブマーケティングを実践することが、一番の近道です。

ですから、じっくり取り組む覚悟のない方、すぐに結果がほしい方、秒速で1億を稼ぎたい方は、本書は役に立ちませんので、ここで読むのをやめることをおすすめします。

逆に、そうでない方。

じっくりと腰を据えて正しいウェブマーケティングについて学びたい方は、本編を読み進めてみてください。

あなたの力になります！

吉田英樹

もくじ

第1章　プランを立てる前に知っておきたいウェブの真実

第2章　プランを立てる前に把握すべきこと

思い込みをストップ！　データはいつも正しい

集まったデータをどう活用するのか

専門性を拒むところから始まる悲劇の物語

小さな会社の戦い方

ブランディングと集客の２軸

成功するプランには徹底的な前準備がある

第3章　プランを立てるための最低限の経験

第4章　プランを立てるまでの事前準備

プランと事前準備

枝（目標）と幹（具体策）

お客様は誰だ!?

隙間を見つけるために作成すべきマップとは?

ポジショニングマップの作成

ブランドキーワードとプロモーション相関図

第5章　プランを立てるときに踏まえたい時代と業界の動向

業界動向と時代状況
キーワード広告を取り巻く状況
知ってもらうためだけの広告
行動してもらうための仕掛け
自分でSNSを頑張るよりも優先すべきこと
ロードマップを描こう

第6章　プランのケーススタディ

ケース1　内装リフォーム業

「ウェブ集客は未経験ですが、今後を見据えてネット集客を強化したいです。どんなプランが考えられますか?」

ケース2　アルコール販売業

「TwitterやFacebookで商品の魅力を伝えているものの売上につながっていません……」

ケース3　トマト農家

「既存の販売ルートとは別に、新規で直接販売できる個人顧客を開拓したいです」

ケース4　キッチンカーでの移動販売

「新規事業でキッチンカーを始めるにあたって、ネットを効果的に活用したいです」

ケース5　介護事業

「採用広告を出しても反応がないので、ネットを活用して、スタッフ不足を解消したいです」

第1章
プランを立てる前に知っておきたいウェブの真実

知らないまま取り組むからイヤな思いをする

インターネットが日本に登場して、「インターネット元年」と言われているのは1995年です。

そこから、すごい勢いで普及を遂げて、総務省の情報通信白書（令和3年版）によると、2020年のインターネット利用率（個人）は、83・4％となっています。

この25年の間にたくさんのサービスが生まれ、そして、消えていきました。たくさんの人がインターネットを使うようになって変わったことは、格安や無料のサービスが増えたということです。

昔なら何十万も、何百万もかかるようなことも、今は無料でできるようになっています。

無料で使えるサービスが増えることは、悪いこととは思いません。

ただ、そのマイナス面がないのかといえば、私はそうではないように思います。

たとえば、Ｔｗｉｔｔｅｒをはじめたら顔も名前も知らない人に急に絡まれて、すごく落ち込んだ、という経験をお持ちの方もいるのではないでしょうか。

また、無料のブログサービスを使って、何年も記事を投稿していたのに、ある日そのサービスが終わってしまって、書き続けていた記事が消えた！なんてこともあります。

無料だからと思って使っていたサービスが、あるときから有料になったなんてこともよくある話です。

言い出せば切りがありませんが、こうしたことが起きて、ダメージを受けるのは、やはり、インターネットについて、よくわかっていないことが原因であるように思います。

遊びでやるならそれでも良いのかもしれません。

でも、インターネットで売上や集客を期待するなら、その特性については知っておくほうが後悔は少なくなるはずです。


チームプレイが大の苦手で、大嫌いな人がサッカーをやったらどうなるでしょうか。

言うまでもなく、サッカーは11人で1つのチームをつくり、相手と戦うスポーツです。

11人の選手はそれぞれ好き勝手に動いているわけではなく、チームの戦術に沿って、規律を守りながら相手チームに対峙しています。

それにもかかわらず、「チームプレイより、オレの個人技だぜ!」などというスタンスだったなら、そのうち試合に出してもらえなくなるでしょう。


こういう場合、サッカーのような団体スポーツではなく、柔道や水泳、あるいは将棋や囲碁のような個人で戦えることに取り組んだほうが、活躍できる可能性は格段に高くなるはずです。

インターネットについても同じです。

プロのように精通する必要はないまでも、「サッカーは団体スポーツである」というくらいの最低限の特性をわかったうえで取り組むほうが、間違いを犯す可能性は低くなるでしょう。

インターネットとは何か。

ウェブマーケティングとは何か。

最低限の特性を知ることが大切で、知らないまま取り組むからイヤな思いをするのです。

真実1「みんなが検索してくれる」なんてことはない！

今はほとんどの企業がホームページを持っています。それこそ、起業時にホームページができあがっていたりもします。

ホームページを作った理由をお聞きすると、皆さん、だいたいこんな感じのことを言います。

「やっぱり、ホームページくらいないと格好がつかないから！」
「たくさんの人に知ってほしいから！」

たしかに、ホームページがないよりはあるほうが格好もつくかもしれません。でも、ホームページがあれば、たくさんの人に知ってもらえるのでしょうか。

知ってもらいたいという気持ちは、よくわかります。

でも、残酷な話ですが「ホームページがあればたくさんの人に知ってもらえる」「社名で検索してもらえる」なんてことはまずありません。

これが現実です。

社名で検索してもらえるのは、上場しているような大企業だけの話。

それ以外の会社の場合、社名で検索しているのは、知り合いや取引先というケースがほとんどです。

ですから、自分の会社の社名をＹａｈｏｏ！やＧｏｏｇｌｅで検索して、たとえ上位に表示されていたとしても、売上や集客につながることはありません。

このことは社名に限った話ではなく、商品名やサービス名についても同じことが言えます。

広告代理店の営業マンに「ランディングページを作ったら検索で1位になれますよ！」などと言われて、自社の商品をＰＲするランディングページを作ってもらったとします。

商品名で検索してみると、実際ちゃんと一番上に表示されています。１位です！

でも、なぜかちっとも売れない！

こんなことは、あるあるのお話なのです。

冷静になればわかりますが、売り出したばかりの商品を知っている人はほぼいません。

みんなが検索してくれる！なんてことはあり得ないのです。

検索しているのは自分だけ……。これでは売れるわけがありません。

ウェブの真実の1つ目、「みんなが検索してくれる！」なんて嘘です。誰も検索してくれません。

自社のサイトを検索で見つければ「よっしゃ！」とテンションが上がるかもしれませんが、それはゴールではなく、スタートです。

より多くの人に見てもらうためには、どうしたらいいのか。それを考えることが、成功するプランを立てる第一歩になります。

真実2「ずっと1位で表示されている」なんてことはない！

ご存知の方も多いと思いますが、検索順位は、日々変動しているのです。もっと言えば、今は検索する人によって順位が違っていたりもします。

この事実を知っていたとしても、あるキーワードで検索の1位に表示されているのは気分が良いものです。

まして、それが売上や集客につながるキーワードであるなら、一攫千金を狙って探し当てた採掘者のごとくウハウハになってしまうでしょう。

問題なのは1位という状況に気分が良くなって、「ずっと1位で表示されている」などと都合よく勘違いしてしまうことです。

エネルギーの主役が石炭から石油に代わったように、ガラケーからスマホに代わったように、変動で検索順位が変わることは当たり前の事実です。

にもかかわらず！1位という状況にすがって、次のタネを見つけようとしないと、検索順位の変動が起きたとき、大慌てすることになります。

私のクライアントさんにもいました。

Ｇｏｏｇｌｅのバージョンアップやプログラムの認識が変わったりで、それまで1位だったサイトが、急に圏外に飛んでしまったのです。

こうしたとき、そのキーワードにすがっていたクライアントさんは、「どうしてくれるんだ！」「ワザとやったな！」「何かやっただろ！」「直せっ！」などと鬼のような形相になっています。

事前に「検索順位は変動するもの」と伝えていても、です……。あるキーワードですごくアクセスがあって、そこからの購入もすごくあって、売上につながっていたわけですから、鬼の形相になる気持ちはわかりますが。

悲しいのは、変動に対処しても、元の位置に戻る場合もあれば、戻らない場合もあることです。必ずしも1位に返り咲きできるわけではないのです。

検索の1位で表示されるというのは、つまり、Ｇｏｏｇｌｅの土俵で商売しているということ。なので、変動があったとしても崩れない体制づくりをしておく必要があります。わかっている人はやっているんです。

ウェブの真実の２つ目は、「検索順位は変動する」です。

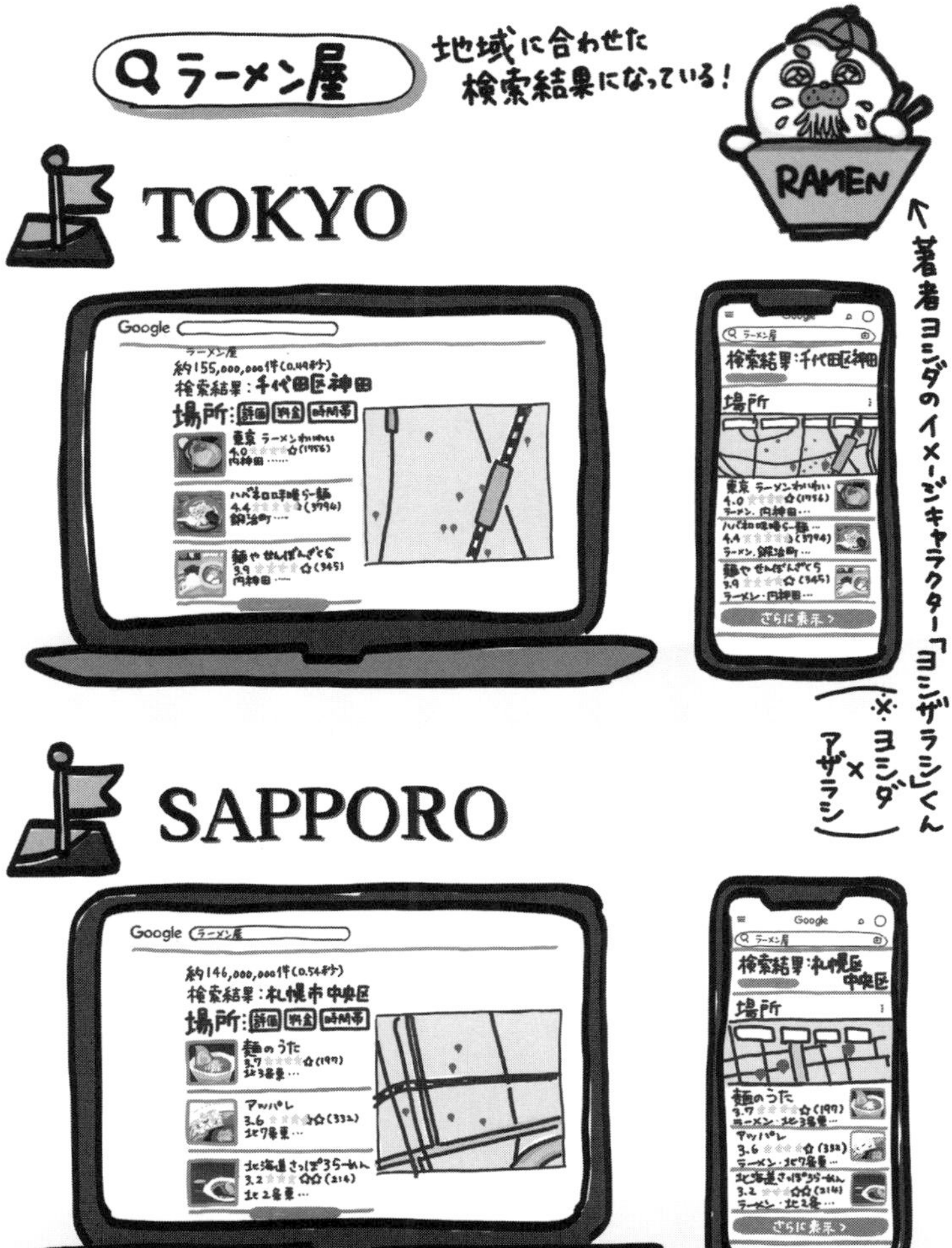

ラーメン屋
地域に合わせた検索結果になっている！
RAMEN
著者ヨシダのイメージキャラクター「ヨシザラシ」くん
※ヨシダ×アザラシ
TOKYO
Google
検索結果：千代田区神田
場所：評価 料金 時間帯
さらに表示 >
SAPPORO
Google
ラーメン屋
検索結果：札幌市中央区
場所：評価 料金 時間帯
麺のうた
アッパレ
さらに表示 >

真実3「企業も個人も同じ」なんてことはない！

これからお伝えすることは、それこそインターネットが始まったときから変わらないことで、私も自分自身でも調査をして、間違いのない真実だと思っていることです。

何かと言えば……。

企業アカウントと個人アカウントでは、そもそも表示の基準、原理が違うということです。

これはもうＦａｃｅｂｏｏｋであろうと、Ｔｗｉｔｔｅｒであろうと、ＹｏｕＴｕｂｅであろうとすべてに共通していることです。

詳しく説明しましょう。

個人アカウントでやる場合、基本的には無料なのです。お金をかけなくても、投稿をすれば、ちゃんとタイムライン※に表示してもらえます。

【タイムライン】
ＩＴ用語としては、ＬｉｎｅやＴｗｉｔｔｅｒ、ＦａｃｅｂｏｏｋといったＳＮＳでのコメントやツイートを時系列に表示した画面のこと指す。英語では「timeline」と表記するので、略して「ＴＬ」と表記されることもある。

まだ誰もやっていないときに個人でやっていると、広告などしなくても上位に表示してもらえますね。ユーチューバー※もそうです。

ところが、企業アカウントとなった途端、そうではなくなります。

何をやっても上位では表示してもらえないのです。下手をすると、表示すらされません。

この真実をわかっていないと、企業アカウントで商品やサービスの告知をしてしまいます。

告知することがダメなわけではないですが、誰のタイムラインにも表示されないので、やるだけムダなのです。

ここ数年は、登録者数の多いユーチューバーやフォロワーの多いインスタグラマー※などに、企業が自社商品をＰＲしてもらう「案件」が流行っていますが、企業アカウントは表示されにくいので、案件をやらざるを得ないわけです。

私の感覚では、企業アカウントは月に30〜50万ぐらいの広告費を使わない

【ユーチューバー】
動画配信サイト「Ｙｏｕｔｕｂｅ」に自作の動画を投稿する人のこと。

【インスタグラマー】
写真共有ＳＮＳ「ｉｎｓｔａｇｒａｍ」で、フォロワー数や閲覧数が多く、強い影響力を持つユーザーのこと。

と、個人のアカウントと同じレベルにならないのが現状です。

企業と個人は、そもそも違う。

この事実は理解すべきです。

プランを立てるにしても、このことを知らないと、一生懸命になって企業アカウントで商品やサービスをＰＲしてしまうでしょう。

これは真実ですが、このことをお伝えしても、なぜか皆さん企業アカウントでやりたがります。

でも、プラットフォーム側の思惑は、個人にはタダで使ってもらい、利用する人をたくさん集めたうえで、売上は企業から、ということなのです。

ちゃんと表示したいなら「広告をやりなさい」ということです。

Ｇｏｏｇｌｅは検索だけではなく、地図やメール、クラウドなど便利なサービスがたくさんあります。

それらを開発するのにいくらかかっているのかを考えれば、やはり、ビジネスであることに気づけるはずです。

あの仕組みを無料で使えるということは、「それを運営するために、企業は広告を使いなさい」というのが、Ｇｏｏｇｌｅからのメッセージだと、私は思っています。

インターネットができたときから、この事実は変わっていません。

ですから、お金をかけられない、かけたくないのであれば、企業アカウントではなく、個人アカウントでやらなければいけないのです。

ウェブの真実の３つ目、「企業も個人も同じ」なんてことはない！

いつの時代も変わってないですよ、これ。

真実4「やって良かった」が大事なんてことはない！

「これだけ露出がありました！」
「これだけページビュー※（PV）がありました！」
「これだけクリックされました！」

広告代理店やウェブの制作会社などとお付き合いがあると、このような報告を受けたことがあると思います。

「今月のページビューは、先月に比べて何パーセント上がって、クリック率※は〜」などと報告を受けると、「ウチの商品はどんどん認知度が上がっているぞ！」などと満足してしまうかもしれません。

でも、ページビューやクリック率というのは、リアル店舗でたとえるのなら、「この街にこれだけ人が通って、お店の前にこれだけの人が来ていますから、すごく良かったですね！」などと言われているようなものです。

【ページビュー】
ウェブサイト全体や特定のページの閲覧数のこと。どれくらいユーザーに閲覧されたかを知る指標となる。

【クリック率】
表示回数のうち、ユーザーがクリックした回数の割合。クリック数÷表示回数＝クリック率（CTR）で表され、たとえば表示回数が100回でクリック数が5回の場合、クこれで経営が成り立つかと言えば、そうではありません。

大事なのは、数字の拠りどころが何かです。

誰が何を買ったかが売上なのに、ページビューやクリック率、お問い合わせの件数などを拠りどころにしてしまうのは危険です。

こんなことを言うと、インターネット業界の方からは怒られてしまうかもしれません。

でも、これが真実なのでお伝えしています。

広告代理店やウェブの制作会社にとって大事なのは「ヤッター感」です。

ヤッター感をクライアントさんに伝えれば「勝ち」なのです。

要は「やって良かった」を引き出したいがための営業トークです。

クライアントさんのことを真剣に考えるなら、無駄な広告をやらないことです。

たとえ、ページビューが10だったとしても、10人が10人、みんな買ってくれれば良いわけです。


リック率は５%となる。

無駄な広告費を削減できるので、クライアントさんはそのほうが喜ぶわけです。

これが本当の意味でのターゲティング型の広告で、興味のない人に広告を見せる必要などないのです。

ひとつ例を出してみましょう。

たとえば、あなたが東京の渋谷で、レストランを経営しているとします。何しろ東京の渋谷ですから、おいしいお店を見つけようと、「おいしいレストラン」「うまい　渋谷」などと検索する人もかなりいるはずです。

そして、そうやって検索する人にお店のことをアピールするために、広告を出して、上位に表示されたとします。

こうしたとき、「たくさん表示されましたよ」「アクセスもこんなにありましたよ」などと言うのが広告代理店です。

成果も上がったように思うかもしれません。

でも、本当にそうでしょうか。

大事なのは、何人がお店に訪れてくれたか、予約を入れてくれたかではないでしょうか。

もしかすると、「おいしい　レストラン」と検索した人は、沖縄にいる人だったかもしれません。

「うまい　渋谷」と検索した人が探していたのは、レストランでなく、ラーメン屋さんだったかもしれません。

「おいしい　レストラン」と検索する全国の人に広告を見せることは意味がないですし、ラーメン屋を探している人に広告を見せるのも意味がないわけです。

ところが、渋谷にいる人だけに広告を表示する設定にしてしまうと、露出数（表示）が減ってしまうのです。

これでは、広告代理店にとってはうまみがないわけです。

あらためて私が言うまでもなく、広告代理店やウェブの制作会社の人間は、こんなことは百も承知のうえです。

わかっていながらも、なぜ「ヤッター感」を伝えるようなことになってしまうのでしょうか。

それは、本気でクライアントさん思いのことをしてしまうと、手間ばかりかかって、ぜんぜん割に合わないからです。

きちっとした※ターゲティング型の広告になると、極端な話、５０００円くらいでできてしまうので、チラシの何十分の一で済んでしまうのです。

では、代理店の手数料はいくらなのかと言えば、せいぜい10〜20％です。

だから、月に50万くらい広告予算を割ける企業さんでないと、お客さんにできないのです。

そのためには、無駄な広告をしなければいけません。

ページビューやクリック率が高いのがダメだ、と言っているわけではありません。

プランによっては、ページビューやクリック率を求める時期やタイミング

【ターゲティング】顧客を性別・年齢・趣味嗜好などから細分化し、マーケティング活動を行う市場を限定していくこと。

もあるでしょう。

ただ、広告代理店やウェブの制作会社の思惑を知っているのと知らないのとでは、大きな差がつきます。

少なくとも「うちは代理店に任せているから大丈夫！」などとは言えなくなるはずです。

ウェブの真実の４つ目は、「やって良かった」が大事、なんてことはない！

数字の拠りどころを間違えないことです。

真実5「スマホもパソコンも同じ」なんてことはない!

ｉＰｈｏｎｅが日本で初めて発売されたのは２００８年のことです。そこから私たちのライフスタイルは一気に変わりました。

昔は、外でインターネットをするなんて考えられませんでしたが、今では電車に乗りながらＹｏｕＴｕｂｅやニュースを見たりしています。

電車で新聞を広げているオジサンは、もはや絶滅危惧種です。

マンガだって、週刊少年ジャンプの発売日に、書店やコンビニで立ち読みをする少年たちはいなくなって、スマホやタブレットで読むようになっています。

カーナビがなくてもグーグルマップなどの地図アプリを使って、行きたい場所にたどり着けるようになっています。

こうした変化が起きているのにもかかわらず、なぜか!

今でもパソコン重視のプロモーションをやっている社長が、少なくないのです。

スマホのプロモーションとパソコンのプロモーションは、もうまるで違っています。

見た目だってスマホは縦長、パソコンは横長ですが、そうすると、サイトの構成も変わってくるのです。

広告出稿をするにしても、iPhoneに標準装備されているブラウザのsafariは、Googleの検索結果を表示します。

ということは、Googleに広告を出稿しないといけませんが、一昔前のパソコンのプロモーションでは、Yahoo!に広告を出すのが主流でした。

検索もスマホになったことで、どんどん予測変換されるようになっています。自分で意図して検索しなくても、違うキーワードで検索したことにされていることもあるのです。

つまり、キーワード広告をするのであれば、予測変換も視野に入れなければなりません。

通信利用動向調査の結果を見てみると、女性はスマホ8に対してパソコンが2、男性はスマホ6に対してパソコンが4の割合になっています。

もうスマホの時代です。

にもかかわらず、「スマホもパソコンも同じ」なんて勘違いをしていると、とんでもない機会損失になってしまいます。

ウェブの真実の5つ目は、「スマホもパソコンも同じ」なんてことはない！

繰り返しですが、もうスマホの時代です。

真実６「ウチの業界には合わないなんてことはない！

新型コロナウイルス感染症（ＣＯＶＩＤ－19）の影響で、実店舗型のビジネスや対面型の営業が中心だった企業は厳しい経営状況に追いやられていますが、コロナ禍でも売上を伸ばしているのがネット通販業界です。

実店舗で買い物をしていた方が、インターネットでモノを買うようになるなど、スマホが登場したときと同じように、私たちの生活は大きく変わってきていて、通販ビジネスの可能性を探っている経営者の方も少なくないようです。

通販で売上を上げたいとなった場合、典型的な例は、ＥＣサイト※の立ち上げです。

業者に頼むと50万～1千万ほどのコストがかかるのですが、立ち上げれば立ち上げたてで、今度は「ぜんぜん売れない」という問題にぶつかることになります。

【ＥＣサイト】
インターネットを使ったモノやサービスの販売サイトのこと。

相談に来られる方に話を聞くと、「ECサイトを作れば売れると思っていた」という方も多く、こうした場合「もっと目立つようにしましょう」「人気のユーチューバーに紹介してもらいましょう」などという営業の餌食になっていたりもします。

プランがないから「何とかしなきゃ」と枝葉に走ることになっているのですが、そもそもの順番が違っているのです。

プランがないのに、いきなりECサイトを作ったり、どの程度の効果を得られるかわからないのに広告を出したりしているのです。

これでは、やりもしないのに、取りあえず機械だけ購入してしまっている私のダイエットと一緒です。

それでも試行錯誤して、どうにか打開しようとするなら、まだ良いでしょう。残念なのは、「やはり、ウチの業界にインターネットは合わない」という結論を出してしまうことです。

なぜか、この結論を出す方たちは「ウチの会社」ではなく、決まって「ウチの業界」と言います。

でも、待ってください。パ※レートの法則があるように、同じ業界でも結果を出している1～2割の会社もあるのです。

たとえば、外壁塗装。激戦区なので簡単ではありませんが、正しいウェブマーケティングを実践すれば、利益率も高いので大きな利益を出せます。

激戦区ということは、反響があるということ。お問い合わせや購入まで結びつかないのは、たんに選ばれていないだけです。

つまり、どう選ばれるかという話なので、これは強みや差別化要因の話なのです。

ウェブの真実の6つ目、「ウチの業界にインターネットは合わない」というのは勘違いということ！

「集客するにはウェブが手っ取り早い」のではなく、「集客するにはウェブが一番効果的」と考えられれば、次のステップに進めます。

【パレートの法則】集団の報酬や評価が一部の構成員に集中するという経験則で「80：20の法則」ともいわれる。たとえば「売上げの8割は2割の社員に依存する」といった傾向がある。

第2章
プランを立てる前に把握すべきこと

思い込みをストップ！　データはいつも正しい

前章では「プランを立てる前に知っておきたいウェブの真実」というテーマで、インターネットに関する勘違いや思い込みについてお伝えしました。

こうした勘違いや思い込みは、よく知らないことなので起こったりするものですが、この章ではその逆、よく知っていることだからこそ起こってしまう勘違いや思い込みについてもお伝えできればと思います。

結果的にそれは、成功するプランを立てるために、何をしなければいけないかを理解することにつながるからです。

より具体的にイメージしていただくために、例をあげましょう。

外構という言葉をご存じでしょうか。

外構は生活する建物の外にある門や車庫、塀や垣根、それに庭木や物置などの構造物全体を指す言葉です。

構造物全体を指すだけあって、塀を作ったり、フェンスを取り付けたり、庭を整理したりなど、外構に関連する業者さんはたくさんあります。

それゆえに、この「外構」という言葉は、業者さんからすると検索で１位を取りたいキーワードになっているのです。

つまり、「外構で検索したときに、うちの会社が一番上に表示されたら良いのに！」と考えている業者さんが多いということです。

あなたの業界にも「この言葉で検索されたときに、うちの会社が一番上に表示されたら」と期待するキーワードがあるはずです。

外構は、まさにそんなキーワードでした。

あるクライアントさんから相談を受けたときのこと。

やはり、「外構」というキーワードで集客することを期待されていたのですが、よくよく調べてみると、どうも違うようなのです。

たしかに「外構」と検索する人はいるのですが、このクライアントさんが期待しているようなキーワードではなかったのです。

たとえば、庭をリフォームしたいなどと考えている方が、「外構」と検索窓に打ち込むでしょうか。

私は怪しい気がしました。

業者の人ならともかく、一般のお客さんが「外構」という言葉を普段使いしているとは思えなかったからです。


似たような例ですが、今でこそ「マンスリーマンション」というのは、一般の人でも使う言葉になりましたが、昔は業界用語でした。

一般の人は「短期」や「月極め」などと言っていて、「マンスリーマンション」というのは不動産業界の人だけが使う専門用語だったのです。

ですから、この当時に「マンスリーマンション」で検索の上位に表示されても集客につながることはありませんでした。

お客様のニーズがある本当のキーワードは調べないとわからないのです。

「外構」というキーワードもテストを重ねていくうち、実際に「外構」と検索して、その後、お問い合わせや資料請求までする人は、じつはかなり少ないことがわかってきました。

つまり、業界の関係者やたんにリサーチをしている人が「外構」と検索しているだけで、家を建てたり、庭を整理したりする本当の意味でのお客さんは、検索窓に「外構」とは打ち込んでいなかったのです。

その後、さらにテストを重ねて、サイトにアクセスされている生のキーワードを調べてみると、「庭　リフォーム」「庭　ブロック」など、具体的なキーワードが浮かび上がってきたのでした。

私は、クライアントさんに「外構」ではなく、「庭　リフォーム」や「庭　ブロック」など、ちょっとニッチかもしれないけれど、検索している人が何を求めているかがイメージしやすいキーワードで、まずはＰＲしていきましょうと提案しました。

そのほうが、コンバージョンもしやすくなるからです。

クライアントさんは最初こそ「そんなキーワードで!?」とやや不満気でしたが、さいわい私の提案を受け入れていただけました。

ただ、こうしたことはまれです。

「この言葉で検索されたときに」と期待していたキーワードにこだわってしまうケースがほとんどなのです。

なぜ、こだわってしまうのでしょうか。

それは、よく知っていることだからです。

その業界に長くいるので「お客さんはこういう人たちが多い」「こういうことをしたいと思っている」「こういうことで困っている」など、お客さんのことをよく知っていますし、その業界の慣例やしきたりなどもよくわかっています。

ここに、落とし穴があるのです。

よく知っていることこそ、「こうだろう」「こうに違いない」「こうであるはずだ」という思い込みや決めつけが生まれてしまうのです。

豊富な経験があるから生まれることなので、こうした思い込みや決めつけがいつも悪いとは言いません。

ただ、データをもとに組み立てるほうが反響は確実に出ます。

「この言葉で検索されたときに、うちの会社が一番上に表示されたら」と期待してしまうようなキーワードも、本当にコンバージョンしやすいのかどうかは調べてみないとわからないのです。

よくわかっている。

よく知っている。

そういうところにこそ、勘違いや思い込みが生まれるもの。そう思っておくほうが良いのかもしれません。

集まったデータをどう活用するのか

知り合いやパートナーに、2つの洋服のどちらが自分に似合うかを聞いてみたところ、思っていたのとは違うほうだった、なんて経験をしたことはありませんか。

自分のことはわからないものですが、インターネットに関して言えば、今はデータを取得できるので、自分の感覚や思い込みよりも、リアルなデータを参考にするほうが格段に失敗する確率は下がります。

データを活用するのは、いっけん大きな企業がやることのように思うかもしれません。

でも、私は小さな会社こそ取り組むべきことだと思っています。

そもそも昔は、こうしたデータがほしいと思ってもなかったのです。

たとえるなら、※ドラゴンレーダーもないまま※ドラゴンボールを探すような

【ドラゴンレーダー】
ドラゴンボールの発する特殊な電波を捉えることができる小型探知機。地球のドラゴンボールだけでなくナメック星のドラゴンボールにも反応する。

【ドラゴンボール】
週刊少年ジャンプに連載されていた鳥山明先生の漫画。7つ集めると、どんな願いでも1つだけ叶えられるという秘宝ドラゴンボールをめぐる戦いと友情を

もの。プロモーションも宝さがしに近い感覚でした。

描いている。

それが今では、データを活用することで、宝がある場所もある程度まで予測できるようになったのです。

きちっとデータを読み解けば、「この商品はこの部分を前面に押し出してＰＲすると良いかも」というヒントは必ず見つかります。

先程の外構の話には、まだ続きがあります。

テストを重ねていくうち、「庭　ドッグラン」と検索している人がいることに気づいたのです。

ドッグランがあるのは、特別な施設やカフェ、公園のような場所というイメージがあったのですが、「庭」というキーワードと掛け合わせているということは、「自分の庭にドッグランがほしい」「家にドッグランを作りたい」と思っているのかもしれません。

そうでなければ、「庭　ドッグラン」とは検索はしないはずです。

ドッグランという1語だけなら、カフェや公園などのドッグランを探しているのかもしれませんが、「自分の庭にドッグランがほしい」というニーズがあるので、「庭　ドッグラン」という2つのキーワードの掛け合わせで検索されていたのでした。

そのことに気づいたので「ドッグランで攻めてみませんか」と提案し、「家にドッグランを作ろう」という感じでプロモーションを展開したのです。「庭　ドッグラン」と検索した人に、「我が家にドッグランを作ろう！」というサイトを見せるプランにしたわけですが、その結果は大成功。

競合もほぼない状態だったので、このクライアントさんは「ドッグランに特化した専門業者」というブランドイメージまで獲得できたのでした。

データがあるから確信を持って攻めていけたのです。

成功するプランを立てるためにしなければいけないこと。それは、思い込みや決めつけではなく、きちっとデータを取得し、分析することです。

そうすることによって、本当のニーズをキャッチできます。

専門性を拒むところから始まる悲劇の物語

こんなお話をすると「データが大事なのはわかったけど、専門業者みたいなイメージは微妙だなぁ」という方もいます。

先ほどのクライアントさんも「ウチはドッグランじゃなくて、外構屋だから……」と、初めからウエルカムという感じではなかったのです。

なぜ専門業者みたいなイメージが微妙なのかと言えば、専門としたこと以外の依頼や注文、外構屋さんの例で言うなら、ドッグラン以外の相談や依頼がなくなってしまうのが心配なのではないでしょうか。

私も自分で会社を経営しているので、その気持ちはよくわかります。わかるのですが、こうした心配は、インターネットを活用して売上や集客を考えるときにはかなり危険です。

何が危険かと言えば、もう断言してしまいますが、失敗する考え方だからなのです。

私はもうかれこれ20年くらい「百貨店型のウェブサイトは作るべきじゃない！」と言い続けています。

要は「何でも売っています」「何でもやります」という感じのサイトにしてはいけないということです。

なぜなら、インターネットで検索したユーザーは、検索したキーワードに関連する情報を求めているからです。

あれこれとたくさんの情報が載っているサイトを見たとき、「情報満載で得した気分！」などと呑気に思ってはくれません。

どこに探している情報があるかわからないので、ユーザーはすぐに検索に戻ってしまうのです。

だから、「百貨店型のウェブサイトは作るべきじゃない！」と言い続けているのですが、これはサイトに載せる情報の話ではなく、実は優先順位の話なのです。

印刷会社さんを例に、この問題を考えてみたいと思います。

ある印刷会社さんは高価な印刷機をいくつもそろえて、冊子、封筒、チラシ、それにシールの印刷を請け負えるとします。

このとき、どの業務のウェイトを高めていくかを決めていないと、優先順位もつけられないので、「冊子も封筒もチラシもシールも、とにかく1件でも多く受注したい！」となってしまうでしょう。

この状態でサイトを作れば、おのずと「冊子も封筒もチラシもシールも何でもやります！」という情報満載の百貨店型のサイトになってしまうわけなのです。

そして、前述した「この言葉で検索されたときに、うちの会社が一番上に表示されたら」と期待してしまうキーワードが何になるかといえば、「印刷」です。

印刷と検索した人に、自社サイトを見てもらおうと考えてしまうのです。

運悪く、このタイミングで広告代理店の営業マンがやって来て、「印刷というキーワードは最高ですね！　集客のお手伝いをしましょうか！」などと言われ、その提案に乗ってしまったら、もう地獄へとまっしぐら！

　印刷というのは競争の激しいキーワードなので、それなりの予算をつぎ込むことになりますし、たくさんのお金を使って、自社サイトへのアクセスを増やしたとしても、期待したほどの売上は上がりません。


　繰り返しですが、ユーザーは自分が検索したキーワードに関連する情報を求めています。

「封筒」と検索した人は封筒に関連する情報を求めていて、社名やロゴを入れた角2や長3の封筒を作りたいのかもしれませんし、ちょっと紙質の良い封筒を作りたいのかもしれません。

「シール」と検索した人はシールに関連する情報を求めていて、即日でシールを印刷してくれるところを探しているのかもれませんし、大判のシール印刷ができるところを探しているのかもしれません。

いずれにしても、百貨店型のサイトで自分の求めている情報を見つけようとすれば、何度も何度もサイト内を行き来することになり、ユーザーはそんな面倒なことをしてくれないのです。

検索のページに戻って、わかりやすい他社のサイトを見つけて、そこから注文・申込をします。

専門業者のイメージが微妙だと思ったところから始まる悲劇の物語は、こうして幕を閉じるのです……。

小さな会社の戦い方

ドッグランに特化した外構屋さんの話に戻しましょう。

いっけん、ドッグランに特化すると、その他の相談や依頼はなくなると思うかもしれません。

でも、実際は逆です。

このクライアントさんも、今では「ドッグランの庭しかやらないのですか？」というお客様からのお問い合わせが増えているのです。

この状況になれば、思い込みや決めつけではなく、相談のあったことからプランを組み立てられるようになるので、イヤでもうまくいってしまいます。

成功するプランではなく、成功するしかないプランになるわけです。

よく「二兎を追うものは一兎も得ず」と言いますが、これこそ順番の話、つまり「優先順位をつけなさい」という教えだと、私は思っています。

最初から全部は無理なのです。

広告やプロモーションに使える年間予算が、何億も何十億もあるなら違う考え方もあるでしょう。

でも、そうでない小さな会社は、たとえ扱っている商品やサービスが複数あったとしても、自社の強みや商品の利益率などを勘案して、しっかりと優先順位をつけていくのが賢明です。


前項の印刷会社さんの例で、「社名やロゴを入れた封筒を作りたい」「紙質のいい封筒を作りたい」「即日でシール印刷をしてほしい」「大判のシールを印刷してほしい」といった話をしましたが、「印刷」という大くくりのニーズの中には、これだけの細かなニーズが隠れていて、実際にはもっともっと細かなニーズがあるはずです。

検索しているユーザーは、自分が探していることをキーワードにして、検索窓に打ち込みます。

言い替えれば、それだけ多岐にわたるニーズがある、マーケットがあるということです。

マーケティングやプロモーションを勉強されている方はもうおわかりかもしれません。

つまりこれは、ペルソナ※をどうするのか、どこをターゲットにするのかといった話なのです。

このあたりが明確になって、初めてプランづくりのスタートラインに立てます。

ネットのプロモーションと言えども、抑えるところはしっかりと抑えておくことです。

念のためですが、私は冊子や封筒、チラシやシールを請け負う印刷会社さんや、庭のことを全般的に請け負う外構屋さんのビジネスそのものを否定しているわけではありません。

お伝えしたいのは、小さな会社が、資金も人員も潤沢な大手と戦うためには、どんな考え方をすれば良いのかということです。


【ペルソナ】

マーケティングなどにおいて、サイトやブランド、製品を使用する典型的なユーザーを表すために作成された仮想的な人物像のこと。

ブランディングと集客の2軸

「庭　ドッグラン」というキーワードからプロモーションを展開していくのは、どこで勝負をするのかを絞るということです。

そのキーワードに特化したプランを組み立てていくということですが、そうは言っても「外構」のような大きなキーワードも、企業のブランド構築という点では追いかけたいかもしれません。

こうした場合、２つの軸に分けて、プランを立てていきます。

一方がブランディング、もう一方が集客という軸です。

1　ブランディングの軸

ブランディングは「カステラと言えば文明堂」「シウマイと言えば崎陽軒」という感じで、「Ａと言えばＢ」と、すぐにイメージが結びつくところが目指すところです。

要は名前を売りたいわけですが、私でたとえるなら、アド・プロモート、あるいは吉田英樹という社名や名前を売り込んでいくことになります。

そのためには何はさておき目にしてもらわないといけませんので、たとえば「プロモーション」というキーワードに広告出稿するなどで露出を増やしていきます。

こうして弊社のことを知り、興味を持った方が「アド・プロモート」「吉田英樹」と検索することになるわけですが、この検索した人が、前月比でどれくらい増えたかを拠りどころにしていきます。

広告予算に余裕がない場合、検索で1位になれるように、ＳＥＯ※で長期的に追いかけていくことも方法です。

ＳＥＯとは「検索エンジン最適化（Search Engine Optimization）」の頭文字を取った略称で、特定のウェブサイトが上位に表示されるように、サイト

【SEO】
ホームページを「検索ユーザーが求めている情報が便利に掲載されている状態」に最適化し、特定キーワードの検索結果が上位表示されるためのマーケティング施策を行うこと。

の構成などを調整することです。

サイトの構成などを調整することは、けっして小手先のテクニックの話ではありません。

長い時間をかけ、狙っているキーワードに沿った情報を丁寧に積み上げ、そのサイト（情報）に価値が生まれたときに、ようやく上位に表示されるようになるのです。


広告出稿するにしてもＳＥＯで追いかけるにしても、いずれにしても腰を据えて長期スパンで考える必要があります。

忘れてならないのは「アド・プロモート」で検索してもらえたからといって、お問い合わせや依頼につながるかと言ったら、そうではないということです。

そうではないのですが、中長期で見れば、取り組んでおくことには、すごく意味があるのです。

ブランドの軸の作業に腰を据えて3年取り組んだ未来と何もしなかった未

来では、天と地ほどの開きが出るでしょう。

競合さんの中で一等賞というのは、それだけで優位になりますし、ブランディングの軸をやることで、もう一方の集客の軸も楽になるからです。

2　集客の軸

集客の軸は、刈り取り型のイメージです。

売上に直結しない広告は極力やらずに、「庭　ドッグラン」というキーワードのように、ピンポイントで攻めていきます。

どれだけブランドイメージがあったとしても、売上がなければ倒れてしまいますので、小さな会社が手をつける順番としては、こちらの集客の軸のほうが先になるでしょう。


ピンポイントで攻めるキーワードは、想定するお客様が困っていることを解決するためにＧｏｏｇｌｅの検索窓に打ち込む言葉、知りたいと思っている言葉です。

細かでニッチなキーワード群で集客していくという考え方ですが、このキーワードを見つけ出し、それで広告表示されるようにすることで、うまくいけば10クリックで10個売れるなどという夢のようなことも起こり得ます。

とは言え、そうしたキーワードはなかなか見つからないのです。

キーワードのことを専門にやっているプロはそれまでの経験から「このキーワードにニーズがあるのでは?」などと予測しますが、当たることはまれで、プロ野球選手と同じで3割のヒットがあれば一流です。

だからこそ、キーワード探しはゲーム感覚で、おもしろおかしくやっていくことをおすすめします。

ゲーム感覚でトライ&エラーを重ねていくことにより、金脈となるキーワードを必ず引けるようになります。ビンゴするキーワードがないことはないのです。

かなり地道で時間もかかる作業ですが、ビンゴするキーワードは必ず見つかるという事実を忘れないでください。

ほとんどの方は、集客のためのキーワード広告をやっても、ビンゴするキーワードを見つけられず、「ぜんぜん売れないね、クリックもされないね」で終わってしまいます。

そして、無料のブログやＦａｃｅｂｏｏｋなど、お金のかからないことだけをやり続け、「ネットなんて、こんなものだろう」とあきらめてしまうのです。

最初は、データもない、予算もないというナイナイ尽くしでスタートするわけなので、うまくいかないのは当たり前です。

それでも、集客につながるビンゴするキーワードが見つかってしまえば、これほど効果的で、効率の良い集客法はありません！

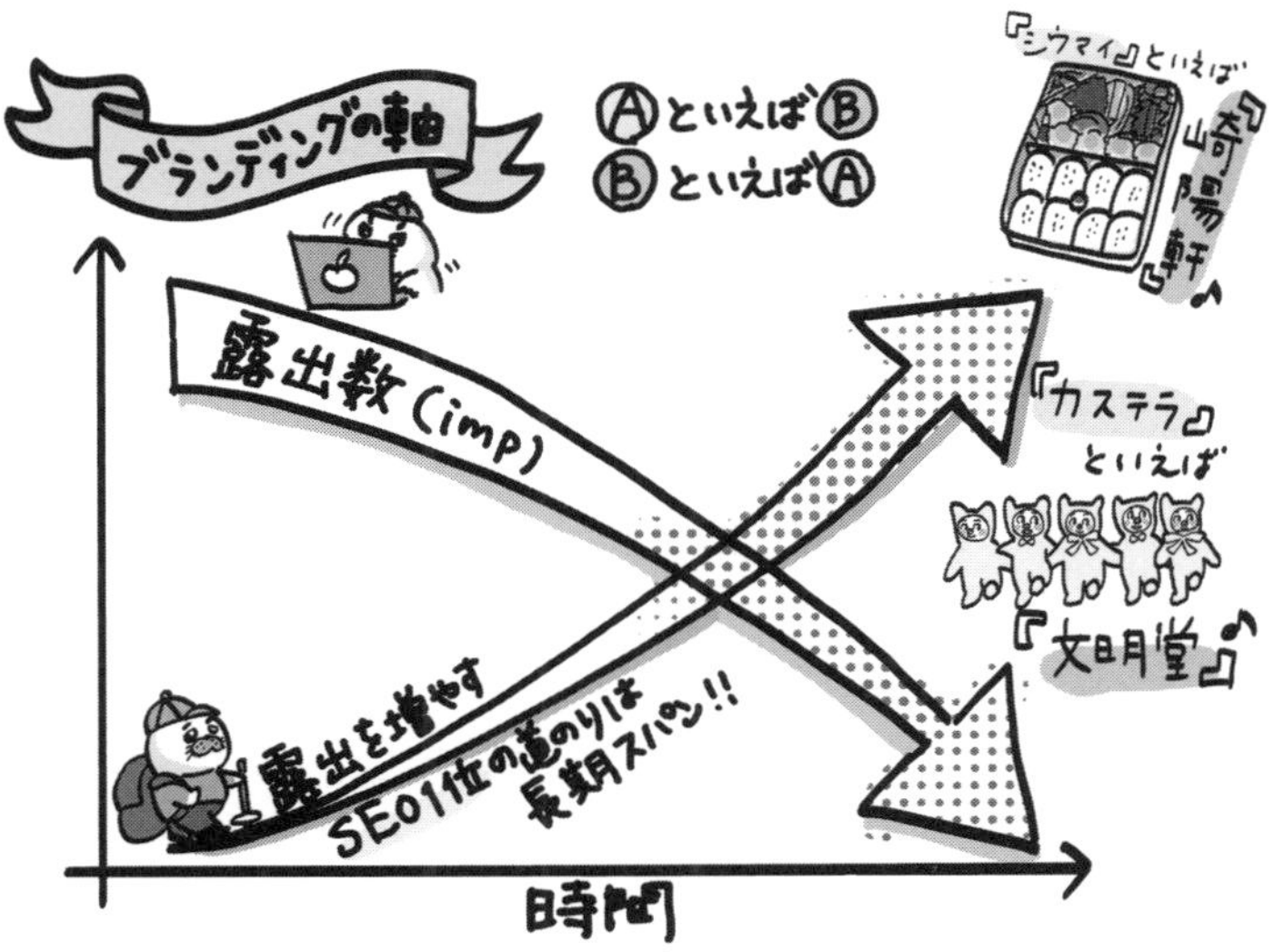
ブランディングの軸
Ⓐといえば Ⓑ
Ⓑといえば Ⓐ
『シウマイ』といえば
『崎陽軒』
露出数(imp)
『カステラ』といえば
『文明堂』
露出を増やす
SEO1位の道のりは長期スパン!!
時間

集客の軸
Google
庭 ドッグラン
「外構」
即売上になりやすい
お宝キーワードを探せ!
集客のカギ
KEYWORD
検索数
王道
ブランド
ニッチ

成功するプランには徹底的な前準備がある

ここまでお読みいただければ、「いきなりプランを立てるのはマズそうだな」と聡明なあなたは気づいていることと思います。

そうです、最初にプランを立てるのではなく、プランを立てるためのチェック（評価）から始めるのが正解です。

多くの会社で採用されている「ＰＤＣＡ」というマネジメントメソッドがあります。

これはＰｌａｎ（計画）↓Ｄｏ（実行）↓Ｃｈｅｃｋ（評価）↓Ａｃｔｉｏｎ（改善）のサイクルを繰り返すことで、継続的な業務の改善を促すメソッドですが、ウェブマーケティングにおいては、Ｃのチェックから始めていきます。

なぜ、Ｃのチェックから始めるのでしょうか。本来、チェック（評価）は、

●設定した目標やアクションプランが達成できているかどうか
●計画通りに実行できたかどうか

について評価する段階です。

計画通りに進まなかった場合、その原因を分析して、次のＡｃｔｉｏｎ（改善）に進みます。

また、計画通りに進んだ場合も、うまくいった成功要因の分析をします。

つまり、どちらの場合であっても、プランを立てたときの数値目標を検証するのです。

ところが、最初に立てたプランが根拠のない数値をベースに作られていたり、数値目標を設定していなかったりしたら、どうなるでしょうか。

言うまでもなく、検証しようがなくなります。

「そんなことわざわざ言わなくても当たり前のことだろ！」という声が聞こえてきそうですが、ウェブのこととなると、正確に数値を把握している方は、なかなかいません。

詳細は次章以降でまたお伝えしますが、たとえば、左記に上げた項目について把握していないと、成功するプランを立てることはできません。

・狙っているキーワードの検索規模※がどのくらいあるのか
・自社のホームページの月間アクセス数※はどのくらいあるのか
・自社のホームページの、どのページが一番見られているのか
・自社のホームページは、どんなキーワード群で上位表示されているのか
・業界がどういうニーズで走っているのか
・競合はどこなのか
・競合はどんなプロモーションをおこなっているのか
・想定するお客様が実際に検索窓に打ち込んでいる検索キーワードは何か
・どのキーワードで攻めていくのか

これらはプランを立てる前に把握したいことの一部です。


【検索規模】

特定のキーワードが検索エンジンにより、一定期間で検索された回数のこと。


【アクセス】

IT用語としては、検索エンジンなどを用いてウェブページに到達すること、情報を取り出すこと。

大切なのは、成功するプランを立てるためには、その前準備としてチェックしなければいけないことがたくさんある、と理解することです。

ネットマーケティングの経験が豊富なプロでも、プランを立てるまでには最低でも１ヶ月、より成功確率を上げようと思うならもっと時間を要します。

大変だと思うかもしれません。

でも、ウェブを使って売上や集客で結果を出すためには、これが一番の近道なのです。

第3章
プランを立てるための最低限の経験

結果を出す人はプランがすごい

本章では、成功するプランを立てるためには、具体的にどんな準備をすれば良いのかを明らかにしていきます。

結果を出す人というのは、そもそもプランがすごいのです。

データに基づく緻密なプランがあって、「絶対にいける」という確信があるので、ＤＯ（実行）するわけです。

それがウェブとなると、なぜか「とりあえずブログをやっている」「広告代理店に勧められてＬＩＮＥ＠を始めてみた」「なんとなく、昔からＴｗｉｔｔｅｒだけはやっている」といった感じの方が少なくありません。

無料でできるということも理由にあるのかもしれませんが、みんな、なぜかＤＯが大好きなのです。

でも、ブランディングやプロモーションの視点で考えると、これでは必要なことをやらずに「虫食い」でやっているようなものです。

本来、打つべき施策に気づかないまま、時間と労力を浪費している可能性もあります。

厳しい言い方かもしれませんが、いろいろやっているけれど結果が出ていないというのは、お客様視点ではなく、もしかすると、自分がやりたいことをやっている自己満足の可能性もあります。

そもそも自分でも何をしたいのかもよくわからず、とりあえずブログやYouTubeをやっているということもよくある話です。

とはいえ、かく言う私も「とりあえずやってみたら」などと言っていたりもするので、責任の一端はあるのですが……。

さて、とりあえずやるにしても何にしても、重要になるのは、やはりデータです。

前章で、プランを立てる前に把握すべきことといったお話をしましたが、とりあえずDOするのではなく、次の2点を意識するようにしましょう。

●データをきちっと分析できるやり方
●データを集められるやり方

たとえば、自社のホームページはあるものの、どんなキーワードでアクセスが集まっているのか、どのページが一番見られているのか、といったことを正確に把握している方は、なかなかいません。

プランを立てる際には、現状のポジションや認知度などをチェックする「現状把握」を最初におこないます。

ところが、そもそも把握できるだけのデータがなかったり、何を把握すれば良いのかをわかっていなかったりすると、プランなど立てようもなく、もう最初から壁にぶつかってしまいます。

せっかくプロモーションをするのであれば、現状把握のためにも「データをきちっと分析できるやり方」「データを集められるやり方」にこだわっていきましょう。

【アクセス解析】
ウェブサイトの運営者が閲覧者の環境・特性などを調査すること、またはその機能のこと。

【Googleアナリティクス】
Googleが提供する無料のアクセス解析ツール。登録したウェブサイトのユーザー行動について、その属性や訪問したページ、成果の達成率、広告効果や反響調査などを分析できる。

アクセス解析の3つのチェックポイント

データを分析するために欠かせないのが、アクセス解析[※]です。自社のホームページの月間アクセス数はどのくらいなのか、どのページが一番見られているのか、どんなキーワードで検索されているのかなどは把握できていますか。

アクセス解析のためのツールやサービスは多々ありますが、おすすめはＧｏｏｇｌｅが無料で提供しているアクセス解析サービス「Ｇｏｏｇｌｅ アナリティクス」[※]です。

Ｇｏｏｇｌｅアナリティクスはさまざまなデータを確認できることはもちろん、広告と連動させることもできるので、無料の情報に関心を示したユーザー（見込み客）にだけ、自社商品や自社サービスの広告を出す、といったプロモーションにも応用できます。

高機能なだけに使いこなすのは簡単ではありませんし、そもそもアクセス解析に慣れていないと、何をどう分析すれば良いのかがわからないかもしれません。

ただ、定期的にチェックすべき指標というのは、じつはそれほど多くありません。

まずは、次の3点に絞ってチェックするようにしましょう。

1　サイト全体でインデックスされているのは何ページか

インデックス※とは、ウェブページが検索エンジンのデータベースに登録されることです。インデックスされないと、検索結果に表示されないため、どんなプロモーションをするかといった次のステップに進めません。ちゃんとインデックスされているかを確認しましょう。

2　どのページのアクセスが多いのか（ページランキング）

【インデックス】
ウェブページのデータが検索エンジンのデータベースに登録されて、検索されるようになること。検索エンジンはクローラーと呼ばれるプログラムによって、世界中のウェブページを巡回して情報を収集している。収集された情報は「何についてのページか」「どんなキーワードを含んでいるか」「どこからリンクされて、どこへ

Ｇｏｏｇｌｅアナリティクスでは、自社サイトのどのページが見られているかをランキング形式で確認できます。これにより、どのページをテコ入れすると良いのかなどを判断していきます。

3　どういうキーワードで検索されているのか

前章でお伝えした「庭　ドッグラン」のように、自分が予想していたのとは違う、思いがけないキーワードでアクセスされているかもしれません。そこには必ずお客様のニーズがあります。何を知ろうとして、そのキーワードを検索窓に打ち込んだのか。想像を広げてみてください。

アクセスが増えた、減ったに一喜一憂するのではなく、まずは、右記の３つを定期的にチェックすることから始めてみましょう。

この３つを覚えておけば、その他の細かなところは後からでも問題ありません。

リンクしているか」といったさまざまな基準で分析され、データベースに取り込まれる。この分析してデータベースに取り込むまでの一連の処理を「インデックス」という。

経験を積むことで、自社にとって定期的にチェックすべき指標が何かも、より明確になってくるでしょう。

そもそもデータをどう読み解くかは、この分野のプロもいるほど奥深いものので、分析自体も一朝一夕で考えるのではなく、経験を積み重ね、嗅覚を磨くことが大切に思います。

分析はあくまで予想です。

これを繰り返していくと、何か施策を打ったときにどう動くかを見るクセができあがっていきます。

そして、数字はあくまで結果論。

結果に対して施策をすることで、数字は倍にもなり、１００倍にもなります。この作業がプロモーションです。

Google
Analytics
プランを練るにはグーグルアナリティクスは必須ツール!!
無料で使えるなんてあり得ない程オトクです!!
OTOKU!!!

吉田流ブログ構築法

アクセス解析を設定し、データをチェックできるようにしたとして、次は「データを集めるやり方」の一例として、吉田流のブログ構築法をご紹介しましょう。

仕事柄、私は何年にも渡って、ブログやＹｏｕＴｕｂｅ、Ｔｗｉｔｔｅｒなど、複数のＳＮＳをやっています。

アカウントも１つだけではなく、場合によっては、自分自身で管理するアカウントを複数用意して、あれやこれやとテストを重ねているのです。

その中でも「これはやっておいて絶対に損はない！」と感じているブログのやり方です。

とはいえ、やることはとてもシンプルで、まずは普通にコツコツとブログに記事を投稿していきます。

【ワードプレス】
無料でサイトの作成やブログの作成などができるコンテンツ管理システム（ＣＭＳ）のひとつ。
https://wordpress.com/ja/

【アメブロ】
サイバーエージェントが提供するレンタルブログサービス。
https://official.ameba.jp/

役に立つ良い記事であるに越したことはありませんが、続けることが何より大事なので、あまり神経質になり過ぎないのも大切です。

気をつけたいのは、既存のブログサービスを使うのではなく、自社の管理するドメイン、サーバーに※ワードプレスを設置して、自社ブランドでやることです。

ワードプレスは、ウェブサイトの制作やブログの作成などができる無料のオープンソースソフトウェアで、感覚的に操作できるので、専門的な知識がなくても気軽にブログを構築できます。

「※アメブロじゃダメなの？」と思うかもしれません。

たしかに、芸能人がインフルエンサーとなっていることもあり、アメブロでブログをやっている方も多いのですが、アメブロに限らず、※ｎｏｔｅや※はてな!など既存のブログサービスはすべておすすめできません。

なぜなら、どんなに頑張っても自分のコンテンツにならないからです。せっかく頑張って記事を書くわけですから、資産になるやり方でやるべきです。

【ｎｏｔｅ】
文章や画像、音声、動画を投稿できるメディアプラットフォーム。
https://note.com/

【はてな!】
株式会社はてなが運営するサービスの総称で「はてなブログ」や「人力検索はてな」「はてなキーワード」などがある。
https://hatenablog.com/

また、ワードプレスでブログをやるだけではなく、即効性の高いＳＮＳも平行してやるようにします。

私はＴｗｉｔｔｅｒにアップした投稿をそのままにせず、残したいツイートをコピー&ペーストで、ブログにも投稿するようにしているのです。

Ｔｗｉｔｔｅｒは即効性はあるものの、タイムラインで流れてしまいます。これではもったいないので、せっかくのコンテンツ資産を無駄にしないためにも、ちょっとの手間を惜しまないようにしています。

Ｔｗｉｔｔｅｒの投稿もブログに入れることで記事も増えますし、結果として、ブログにたくさんのキーワードを散りばめられるようになるのです。

さて、こうしてブログを構築する本当の目的は何かと言うと、どんなキーワードにニーズがあるかを見つけることです。

極端な言い方をすれば、読んでもらうことが第一ではなく、キーワードを拾うためにブログをやるのです。

言い換えれば、データベースを自分で構築しているということになります。

無料のブログサービスと違ってログ※もしっかりと残りますし、自分で見返したときにも勉強になります。

コツコツと続けていくと、何年も前に投稿した記事に突然アクセスが集まるということも起きてくるので、中期スパンで考えると、やはり既存のブログサービスとは残るものがまるで違います。

【ログ】 履歴や情報の記録を取ること、またその記録のこと

ＹｏｕＴｕｂｅにしても、チャンネル登録者数の増減を気にする方が多いようですが、ユーザーが見るチャンネルはいずれも似たり寄ったりで、もともと影響力を持っていた人に人気が集まりがちです。

私は、チャンネル登録者数に躍起になっても仕方ないと思っているので、ＹｏｕＴｕｂｅにアップした動画も、すべて自分のブログに入れるようにしています。

検索経由でブログにアクセスしてくれたユーザーに、動画を見てもらうことをゴールにしているのです。

ＹｏｕＴｕｂｅというプラットフォームの中だけで勝負するよりも、その

ほうがよほど良いわけです。

たくさんの人に見てもらいたいなら、アメブロやＳＮＳのほうが良いでしょう。

そうではなく、ニーズのあるキーワードを見つけながら、自分だけのデータベースを構築し、検索経由で自社や自分のことを見つけてくれた方に記事や動画を見てもらう。

一時的ではなく、５年後も10年後も残って、しっかりと検索されていく。

これが吉田流のブログ構築法です。

いかに検索で見つけてもらうかは、この時代、小さな会社がやるべきことのひとつですから、やっておいて損はないというよりも、得しかない方法なのです。

ぜひ、取り組んでみてください。

▼吉田英樹オフィシャルサイト
HIDEKI YOSHIDA
OFFICIAL SITE
2005年からのブログ記事
約3500ページ分の情報が蓄積されています
オリジナルブログは
キーワードの
宝箱です！
KEY WORD

小さな会社が取り組むべきツールとは?

いかに検索で見つけてもらうかについて、もう少し掘り下げてみましょう。企業がホームページやSNSのアカウントを持ったりするのは、基本的には、自社のことを知ってもらい、さまざまなプロモーションを通して、商品やサービスをアピールすることで売上につなげていくことが目的です。

言うまでもなく、PRしたい情報を載せているページが検索エンジンで上位にヒットすれば、アピールできる機会も増えます。

SNSの流行り廃りはあるものの、上位にヒットするページというのは、ホームページでも、ブログでも、ランディングページでも、Instagramでも、tiktokでも何でも良いわけです。

すべてのツールに時間を割き、継続的に運用できるのであれば、これ以上ない最強の武器になるでしょう。

とは言え、たくさんあるツールにすべて手を出してしまうと、継続的に運用していくのは難しくなります。

予算も人員も限られた小さな会社の場合、そんなことはほぼ不可能で、実際、更新が止まってしまっているブログやTwitterをよく見かけます。

商品やサービスをアピールするためにやり始めたはずが、これでは逆効果です。「この商品はもう売っていないのかな」「売り切れてしまったのかな」「この会社は大丈夫かな」などといったマイナス宣伝になってしまいます。

更新が止まるというのは、それはそれでネガティブな情報になってしまうのです。

では、プロモーションの重要性を感じながらも「時間がない」「任せられる社員がいない」といった場合、どうすれば良いのでしょうか。

私は、その役割を担える一番のツールは、ランディングページだと確信しています。

ランディングページについては、すでにご存知の方も多いと思いますが、ここであらためて解説しておくと、「検索エンジンなどを経由して、ユーザーが最初に到達するウェブページ」のことです。

ユーザーが最初に到達するウェブページは、必ずしもトップページとは限りません。

なぜか、経営者の方は「トップページを最初に見てもらいたい」と言うのですが、そうではないページのほうにアクセスがあったりするので、アクセス解析が大切なのです。


ランディングページは1ページの中で、商品の注文やお問い合わせなどのアクションを促すように最適化していきます。

これをLPO※（Landing Page Optimization）と言いますが、前述した通り、検索ユーザーのほとんどは、最初に見たページで探していた目的の情報がありそうかどうかを判断しています。

調べてみるとよくわかりますが、トップページを見ただけで離脱する検索ユーザーは平均60%〜70%、検索ユーザーがサイトに訪れて有益なサイトかどうか判断する時間は1〜5秒（離脱者の平均滞在時間）となっています。


【LPO】

ランディングページをユーザーのニーズに合わせて最適化するマーケティング手法のこと。

たとえ、うまく目的のサイトに誘導できたとしても、７割近いユーザーは他のページを見ずにそのまま離脱してしまうので、せっかくのアクセスを取り逃さないためにもランディングページが有効なのです。

１ページの中に必要な情報をバランスよく配置し、わかりやすく見せることで、費用対効果は飛躍的にアップします。

さて、ランディングページの利点をまとめると、次のようなことがあげられます。

●商品の注文やお問い合わせなどのアクションを誘導する効果が高い
●短時間で作成できる
●データの検証がしやすい
●微調整しやすい
●ブログやＴｗｉｔｔｅｒと違って、新規の投稿をしなくても更新が止まっているようには見えない

生き残る社長、消えていく社長

　優秀な営業マンを確保することが難しい小さな会社ほど、プロモーションにランディングページを活用するべきです。

　こうお伝えすると、

「ランディングページを作ってウェブ広告もやったけど、まったく結果が出なかった」

「業者は調子の良いことばかり言って、何もしてくれなかった」

　という声をお聞きすることもあります。

　安くない費用を払ったにもかかわらず、期待した結果を得られなければ文句のひとつも言いたくなる気持ちはわかります。

　ですが、結果が出なかったのは、本当に業者だけの責任でしょうか。本当に何もしてくれなかったのでしょうか。

【黄金比】
近似値1：1・618、約5：8の安定的で美しい比率とされる貴金属比のひとつ。主なものに名刺や郵便はがきのサイズなどがある。

【白銀比】
1：1．414、約5：7の比率。コピー用紙に代表されるA判と、ポスターやマンガ雑誌に代表されるB判は、すべてのサイズに

私はそう思いません。

延べ１５００を超える法人クライアントを支援してきた経験から、はっきりと断言できることがあります。

それは、結果を出して生き残るのは、自分でできる人ということです。

業者まかせ、社員まかせではなく、社長自身が一生懸命になって勉強しているのです。

たとえば、消えていく社長は、アクセスのあったキーワードの一覧を見せられても何も気づけません。

一方、生き残る社長は、アクセスのあったキーワードの一覧からニーズを探ろうとします。

たとえば、消えていく社長は、サイトデザインを変更する際、欲張りになって少しでも多くの情報を盛り込もうとします。

一方、生き残る社長は、自分で質の良いサイトをチェックして、黄金比※や白銀比※についてわかっているので、情報の取捨選択をします。

おいて短辺：長辺が白銀比になっている。

そして、消えていく社長は、ランディングページを作るにしても、じっくりと時間をかけてしまいます。

一方､生き残る社長は、1日でも早く1ページでも多くのランディングページを作りたいので、自分でやってしまいます。

「ただでさえ忙しいのに、そんなことまでできるか！」というツッコミが入りそうですが、もちろん1から10まですべて社長がやったほうが良いとは言いません。

ですが、今はＡＩもどんどん進化しているので、パッとやって簡単に儲けようなどということは不可能で、結果を出そうとすれば、継続的にプロモーションを仕掛けていく必要も出てきます。

たとえば、商品名やサービス名の認知向上を目的とするプロモーションはよくありますが、実際、まだ世の中に認知されていない新商品や新サービスを知ってもらうには、どれくらいの時間がかかると思いますか。

私は、こうしたことに何度となく取り組んできました。

過去には、ある美容系のサービスの認知向上を図るために造語を考え出し、あの手この手でプロモーションをかけたこともあります。

今でこそ、その造語はたくさんの方が検索するほどの認知を得ましたが、最初の３ヶ月は、その造語を検索するユーザーはひとりもいませんでした。

つまり、まったく認知されていなかったということです。

商品名やサービス名の認知を高めるためのプロモーションをやり続け、その結果として、商品名やサービス名で検索するユーザーが出てくるまでには、うまくいって1年。

実際には、もっと時間がかかると考えるべきでしょう。

ブランドイメージを築き上げていくのは、それほど大変なことですが、消えてしまうのは一瞬です。

「人の噂も75日」というくらいで、３ヶ月宣伝しなかったら忘れ去られてしまいます。

認知を得るまでにも時間がかかりますし、うまくして認知を得られたとしても、何らかのプロモーションを継続しなければ、すぐに忘れ去られてしまう。これが現実です。

プロモーションに終わりはありません。

だからこそ、外部の業者や社員とともに共闘していけるだけの知識や経験が、社長にも必要なのです。

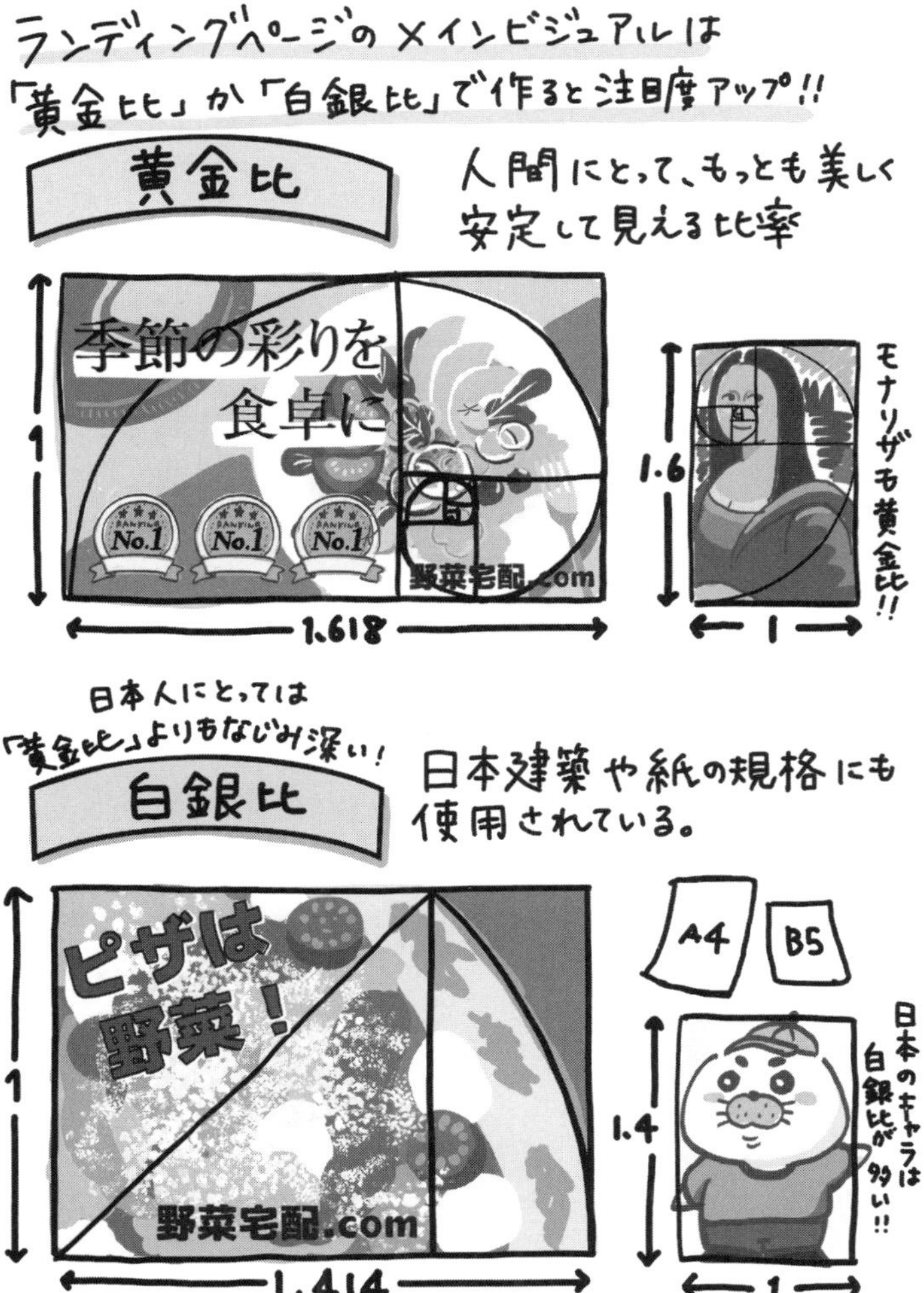
ランディングページのメインビジュアルは
「黄金比」か「白銀比」で作ると注目度アップ!!
黄金比
人間にとって、もっとも美しく安定して見える比率
季節の彩りを
食卓に
No.1
No.1
No.1
野菜宅配.com
1
1.618
1.6
1
モナリザも黄金比!!
日本人にとっては
「黄金比」よりもなじみ深い!
白銀比
日本建築や紙の規格にも使用されている。
ピザは野菜!
野菜宅配.com
1
1.414
A4
B5
1.4
1
日本のキャラは白銀比が多い!!

吉田流ランディングページ活用術

ランディングページを導入するメリットを理解いただいたとして、次はどう作るか、運用するかです。

ワードプレスにもランディングページを作れる仕組みがあるので、それで作成するのでも良いでしょう。

ただ、それが難しい場合は、ＢＡＳＥ※やペライチ※といった無料で使えるサービスを利用するのも方法です。

サイトを作る知識がなかったとしても、テンプレート※が用意されているので、作るだけなら誰でも作れてしまいます。

そして、ランディングページにどんな情報をどう配置するかですが、極めつけは、真似をすることです。

インターネット上には、良くできたランディングページがあふれています。

【ＢＡＳＥ】
ＢＡＳＥ株式会社が運営する、簡単にネットショップが作成できるサービス。
https://thebase.in

【ペライチ】
株式会社ペライチが運営するホームページ作成サービス。
https://peraichi.com/

もちろん、そのまま真似するのはルール違反ですが、目にとまるデザインやキャッチコピーのすぐれたエッセンスを抽出して、自社のランディングページに取り入れるようにするのです。

そもそも、そのページが公開されているということは、そこまでに何度も何度もトライ&エラーが繰り返されたはずです。

つまり、先人たちによって、あの手この手で研究されたと言えます。

そんな集大成のようなランディングページに、自分なりに作ったランディングページが勝てるわけがありません。

「そうは言っても、絶対に真似なんてしたくない！」

そう思うかもしれませんが、100点満点を目指して、無駄に時間や労力をかけてほしくないのです。

不完全は、完全です。

ランディングページをお勧めする一番の理由は、ゼロから考える時間を短縮したいからなのです。

【テンプレート】
文書などを作成する際の雛型となるデータやファイルなどのこと。

真似から始めて、少しずつブラッシュアップし、完成度を高めていけば良いのです。

完璧なランディングページを作るよりも大切なことは、作って終わりにしないこと。

たとえば、ランディングページを作った後、狙ったキーワードで広告が出るかどうかなど、テストを重ねるようにします。

広告と言うだけで、「お金がかかるんでしょ」「自分には難しそうだな」などと敬遠してしまう方も多いのですが、費用をかけることで時間と労力を削減できます。

広告は適切に設定しさえすれば、寝ていようと旅行に出ていようと、自分が狙ったターゲットに自動で営業してくれます。

広告でまず露出させる。これが第一フェーズです。

今は※テストマーケティングもしやすい時代になっているので、予算を割くべきところに割いてスピーディーに次のステップに進むほうが、どう考えて

【テストマーケティング】
新しい商品やサービスを本格展開する前に、限られた範囲で試験的に展開し、そこで得たデータを商品やサービスの改良・改善に活かすマーケティング手法。ユーザーの反応や売上動向などを確認できるため、課題や問題点をクリアしたうえで市場に送り出せるようになる。

も合理的です。

ここでテストマーケティングの一例として、吉田流のランディングページ活用術をご紹介しましょう。

そもそもランディングページは、情報を欲しているユーザーに、ダイレクトに情報を提供するために作るものです。

言い換えると、ユーザーが検索エンジンに入力するキーワードと、自社の商品やサービスをマッチングさせる必要があるのです。

つまり、選定する検索キーワードと、サイトの紹介文、サイトの内容をすべて一致させなければいけません。

たとえば、起業支援のサービスを提供していて、想定する検索キーワードを「格安　会社設立」と選定したとします。

このとき、安さを訴求するランディングページなら良いのですが、起業の成功ポイントを訴える内容になっていると、良いページだったとしても一致しているとは言えません。

また、野菜の宅配サービスを提供していて、想定する検索キーワードを「野菜宅配　一人暮らし」と選定したとします。

このとき、一人暮らしでも利用価値があることを訴求するランディングページなら良いのですが、健康志向をアピールしていると、やはりキーワードとサイトの内容が一致しているとは言えません。

「そんなのは当たり前のことだろ！」と思うかもしれませんが、選定する検索キーワードと、サイトの紹介文（80文字未満）や内容が一致していないランディングページは、意外なほど多くあるのです。

なぜ一致しないのかを考えると、選定するキーワードがいくつもあることが原因のひとつかもしれません。

野菜の宅配サービスにしても、「野菜宅配　一人暮らし」だけではなく、「野菜宅配　農家」「野菜宅配　関東」「野菜　定期便」などなど、複数のキーワードが候補として思い浮かぶでしょう。

この段階では当然ながら、どのキーワードが良いのかはわからないので、つい、いくつもの訴求ポイントを1つのランディングページに詰め込んでしまうのです。

その結果、キーワードと一致しないランディングページができあがってしまいます。

そうではなく、キーワードと連携させるためにも、ランディングページは狙ったキーワードごとに作成するようにします。

野菜の宅配サービスの例で言うなら、「野菜宅配　一人暮らし」「野菜宅配農家」「野菜宅配　関東」「野菜　定期便」で4つのランディングページを作るのです。

このとき、「ヘッダーの画像はどうしよう」などと、デザイン面が気になり、そこに時間をかけてしまうかもしれませんが、そんなことは後です。

準備段階で、訴求キーワードをどれだけ必死になって考えても、どのキーワードが検索されるのかは、実際にやってみないとわかりません。

「この検索キーワードならヒットするのではないか？」と思ったら、すぐにランディングページを作るべきです。

まずは、キーワードごとに、キャッチコピーだけを変えたランディングページを複数用意します。最初に作ったランディングページのキャッチコピーの部分だけを変え、横展開していくイメージです。

そして、検索広告を出稿して、誘導効果の高いランディングページがどれかを検証していくのです。

その中から、もっとも達成件数が高かったランディングページだけを残し、それを本運用していきます。

本運用の段階で、プロに依頼してデザインなどを仕上げていけば良いのです。

チラシでもそうですが、やはり、プロの手が入っているものと、そうでないものとではクオリティが違います。

ちなみに、私が自分でやるときには、ワードプレスでランディングページを作っていますが、1時間くらいでキャッチコピーだけを変えたページを何通りか作って、それぞれキーワード広告を出して、アクセスがあるかをすぐに試すようにしています。

コンバージョンまで結びつくかどうかはやってみないとわからないので、まず露出させるということです。

なぜ、インターネットが大手に勝るランチェスター※戦略として効果を発揮するのかと言ったら、やはりスピードです。

思い立ったときに、すぐカタチにできる唯一の対抗手段がインターネットです。

この可能性が無限に広がっているから、チャンスがあるのです。

1日でも早く売上を上げたいなら、1日でも早くランディングページを作りましょう。

10種類のランディングページを作れば、10人の営業マンがいるのと同じです。

それも寝ないで24時間働いてくれる営業マンですから、今の時代、やらな

【ランチェスター戦略】
戦力に勝る「強者」と戦力の劣る「弱者」にわけ、それぞれがどのように戦えば戦局を有利に運べるかを考えるための戦略論。

い手はありません！

キャッチコピーだけを変えてスピーディーに横展開し、誘導効果を検証していく。

これが吉田流のランディングページ活用術です。

経験＋実証によって、効果的な検索プロモーションができるようになります。

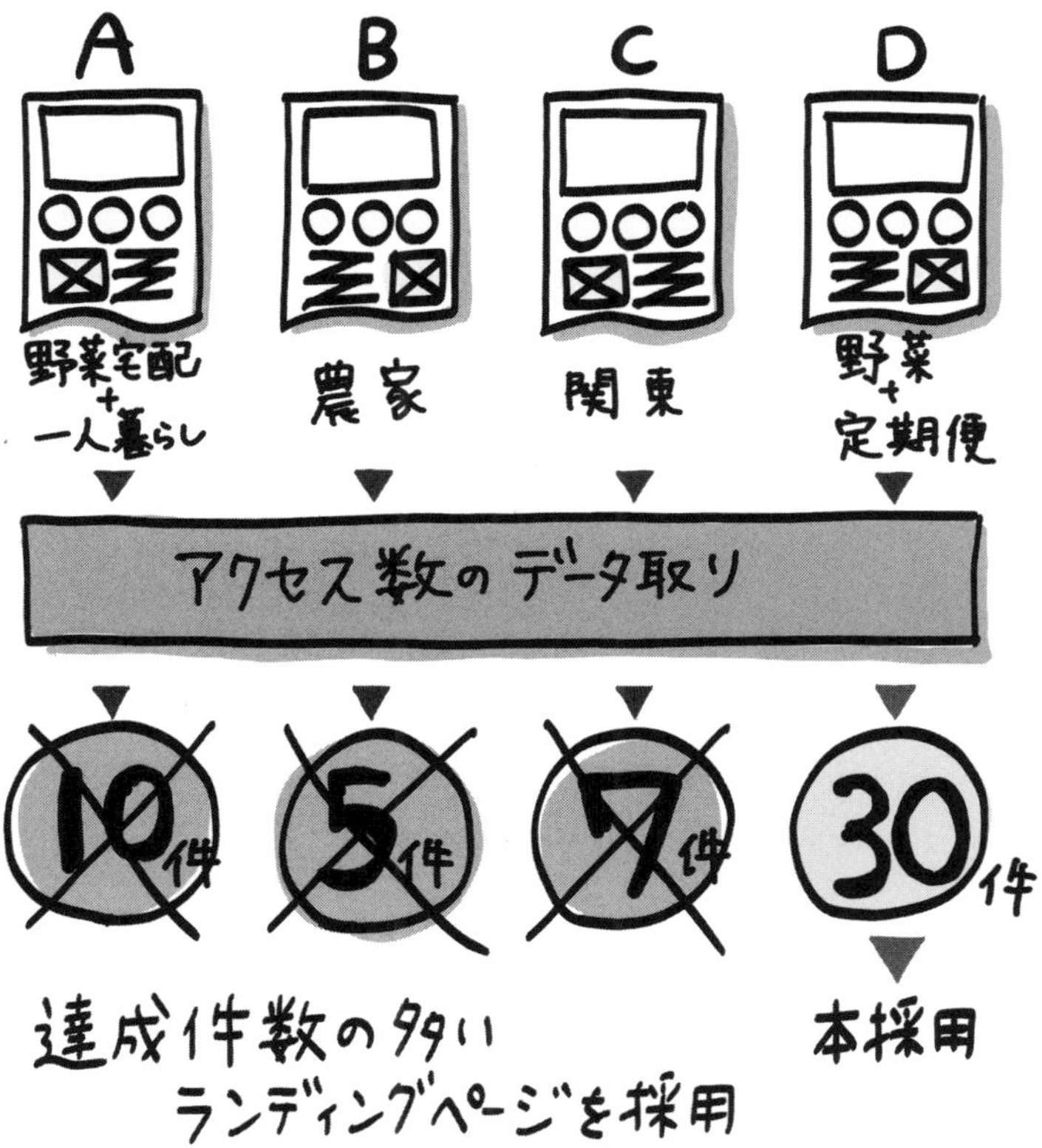
A
B
C
D
野菜宅配
+
一人暮らし
農家
関東
野菜
+
定期便
アクセス数のデータ取り
10件
5件
7件
30件
達成件数の多い
ランディングページを採用
本採用

小さな会社が勝ち残る戦略

ランディングページを自分（自社）で作ろうと言いましたが、広告代理店に見積もりを取ると月に100万という、びっくりするような額になることもあります。

実際、大手の場合はそれくらいかけてやることもあります。

テストマーケティングだけでも月に200〜300万かけているので、小さな会社が同じことはできないでしょう。

それで自社サイトだけ作って、あとはSNSで情報発信をして……ということになってしまう会社が多いのですが、それだといつまでたっても飛躍できません。

宇宙くらい広い無限の可能性を広めてくれるのが、ランディングページなのです。

とはいえ、ランディングページの数が多くなればなるほど、管理するのには時間も手間もかかります。

私の会社も過去に20個くらいのサイトを持って、ＳＮＳも40個くらいありました。それを毎日、私ひとりで巡回して育てながら、コレと思うものを残していったのです。

その中で、捨てることになるのが９割、残すのは１割くらいです。

何が残るかはやってみないとわからないですし、やらないと育たないので、ここは頑張るしかありません。

これがテストマーケティングをして良いものを残して育てていく、ということです。

植物を育てるときの間引きと同じ考え方ですが、小さな会社が大企業と同じことはできないので、何をやるべきか、何を捨てるべきかを振り分けていきます。

そうでないと、やることだらけになってしまいます。

私はもう10年以上にわたって、小さな会社こそランディングページを活用すべきと言い続けています。

やろうと思えばやることが無限にあるなかで、ランディングページはテストマーケティングのしやすさもあって、何をやるかの取捨選択がしやすいのです。

だからこそ、「こういうキーワードもいいな」と思うものは全部書き出して、それが100個あるなら100個のランディングページを作ってしまうわけです。

ランディングページは何個あっても困ることはありません。

作るのに時間もお金もかかるので、自社で作って、テストマーケティングで良かったものだけを残す。

これが小さな会社が勝ち残る戦略です。

ぜひ、プランに組み込むようにしてください。

第4章
プランを立てるまでの事前準備

プランと事前準備

ウェブを使って売上や集客で結果を出すためにはプランが必要ですが、そのプランを作るのにも、ここまでお伝えしているような「事前準備」が必要です。

この事前準備の段階では、自社の現状把握が欠かせませんし、お客様のニーズの把握も欠かせません。

また、競合他社のリサーチも必要になるでしょう。

これらは今までの経験や感覚ではなく、しっかりとした根拠に基づいた把握でなければ意味がないので、プランが完成するまでには、どうしても膨大な時間と労力がかかります。

常々、私が残念に感じているのは、こうお伝えしても、プランの大切さや事前準備の大変さを軽く考えている方が多いということです。

リサーチやテストマーケティングをすることもなく、希望や根性論だけでプランを立ててしまっている方もいますし、プロに依頼するにしても、なぜかプランや事前準備には費用がかからないと思っている方もいるのです。

たしかにプランや事前準備には、「検索の上位に表示されるようになった！」「ホームページが完成した！」といった派手さはないでしょう。

でも、本当に結果を出そうとするなら、地味で地道な作業かもしれませんが、プランや事前準備にこそ時間も労力も予算も割くべきです。

ときどき、「何を考えれば良いのかわからない」「何を決めれば良いのかわからない」という方もいますが、それは事前準備が不足しているからです。

何を考え、何を基準とし、何を決めるか。

そのベースとなる知識や経験が不足しているのです。

たとえば、前章でお伝えしたようなテストマーケティングが不足していると、どんなキーワードでアクセスが集まっているかも正確にはわからないはずです。

アクセスが集まるキーワードがわからなければ、成約につながるキーワードの候補もわからないでしょう。

こうして「わからないこと」が山のように積み上がってしまい、「何を考えれば良いのかわからない」「何を決めれば良いのかわからない」という状態に陥ってしまうのだと思います。

そもそもプランとは、達成したい目標のために実施すべき行動（DO）と、そのプロセスを管理するためのものです。

プランがあることで、目標に関係のない行動をしなくてすむようになりますし、どこをテコ入れすれば良いのかといった課題も明確になります。

また、客観的なデータに基づいてプランを立てるので、結果に関する効果測定や評価の方法についても、事前準備の段階であらかじめ決められるようになるのです。

プランや事前準備の大切さは、こうして文字にしてしまうと、ごく当たり前のことのように思うかもしれません。

でも、やるべき準備をしっかりと整え、綿密にプランを立てているのは本当に少数です。

逆に言えば、ここさえしっかりとやり切れば、期待するような結果を得られる可能性はぐんと高まります。

問われているのは、腰を据えて取り組む覚悟と根気なのかもしれません。

枝（目標）と幹（具体策）

私はウェブマーケティングについて勉強するための営業塾を主催していますが、その最初の講義で、いつも塾生の皆さんにやってもらっていることがあります。

それは、「目的」や「目標」を考えるということです。

どうしても、何をやると良いのか、どう進めるのが正解なのかというところに関心が向いてしまいますが、どう進めるか（行動・プロセス）は「枝」でしかなく、「幹」となるのは目的や目標です。

目的や目標がしっかり定まっていないのは、たとえるなら、どこに行くかも決めずに旅行に出るようなものです。

本当は北海道に行きたかったのに、気がつけば南へと進んでいた、なんてことにもなりかねません。

良いプランには必ず、目的や目標がきちっと設定されています。

そして、そもそもですが、なぜプランを立てるのかと言えば、「あなたは何をしたいの？」という問いに対する道筋をつけるためでもあるのです。

その意味では、プランとは理念やビジョンと通じているとも言えます。


目的や目標が大事とはいえ、ウェブを使って「どうしたいの？」「どうなりたいの？」とお聞きすると、やはり答えは曖昧だったりします。

・認知度を上げたい
・オンラインからの売上をアップしたい
・実店舗に集客したい
・有名になって自分の考えを伝えたい
・みんなやっているから何となく……

多いのは「認知度を上げて売上アップしたい！」というもので、いっけんすると目的が定まっているように思えるかもしれませんが、じつはブレています。

「認知度を上げたい」というのは、言い換えれば、ブランド作りのことです。

「売上アップしたい」というのは、言い換えれば、コンバージョンのことです。

たしかに有名になったら売上は上がるかもしれませんが、ブランドとコンバージョンの両方を追いかけるのは簡単なことではありません。

つい、ブランドとコンバージョンをイコールで考えてしまうのですが、第2章でもお伝えした通り、プランを立てるときには、2つの軸に分けて考える必要があるのです。

欲張らず、まずは「どうしたいのか」「どうなりたいのか」という目的をはっきりさせることです。

たくさんの「どうしたい」「どうなりたい」の中から重視するものを決め、重要度が高い順に優先度を導き出していきます。

優先度を明確にすることで、「じゃあ、そのためにはどうすれば良いのか」

という次のステップにようやく進めます。

そして目的をはっきりとさせたら、次は目標です。目標を立てるポイントは、数値を入れることとです。

「３ヶ月以内にＹｏｕＴｕｂｅの登録者数１万人を目指す！」

「ランディングページを月に50個作る！」

「半年後、ウェブからの売上を月３０００万にする！」

数値を入れることとで、何をどれだけやれば良いのかを、より具体的に考えられるようになります。

経験が少ないと数値を入れるのは難しく感じるかもしれません。

でも、目標はどこまでいっても目標でしかないのです。

どのように達成するのかは後で考えれば良いことなので、この段階ではどんぶり勘定でも構わないですし、「現実的でないかも……」と思えるくらい大きな目標でも構わないと思います。

最初に、しっかりと目的と目標を設定しておきましょう。

ウェブサイトの目的と種類

目的	ウェブサイトの種類
ブランドイメージUP	コーポレートサイト
商品やサービスのイメージUP	プロモーションサイト
他者との差別化	ブランディングサイト
商品やサービスの売上UP	ECサイト
来店客UP	店舗サイト
新入社員獲得	リクルートサイト
広告収入GET	情報サイト(ブログ・SNS) ポータルサイト
サービスや情報の提供	情報サイト(ブログ・SNS)
お客様からの親切感UP	SNS、ブログ、コラム、メルマガサイト
お客様とコミュニケーションをとりたい	SNS
作品集の公開	ポートフォリオ
お問い合わせ件数UP	サポートサイト

分類はあくまで一例です。
必ずしもコレ!!と限定されるものではなく
たとえばブランディングサイトとコーポレートサイトが
合体している企業もあります。

お客様は誰だ!?

提供する商品やサービスをどんなお客様に届けたいのか？

その商品を通して、お客様のどんな悩みを解決できるのか？

そのためには、どんな言葉で商品やサービスを知ってもらい、どんな言葉でコンバージョンするのか？


これらを明確にして、困りごとを解決したい人と、自社が提供する商品やサービスをマッチングしていくわけです。

ただ、実はわかっているようでわかっていないのが、誰がお客様なのかということです。

よく他人のことはわかっても自分のことはわからないと言います。

これと同じように、自社のお客様のこともわかっているようでわかっていないのが私たちです。

「商品が売れない」「売上が上がらない」という悩みの多くは、誰がお客様なのかわかっていない、さらに言うなら、お客様をきちんと絞れていないことが原因として考えられます。

お客様を絞るというのは、商品やサービスのターゲットを狭めることなので、「ひとりでも多くの人に買ってほしい！」などと思っていると、なかなか勇気のいることかもしれません。

でも、最後のひとりまでお客様を絞るくらいでないと、悩みを解決する答えを提示できないのです。

ここではお客様を絞るための方法として、「ベネフィットで考える」[※]「距離を考える」の2つを解説したいと思います。

【ベネフィット】マーケティングにおいては「顧客が商品やサービスから得られる効果や利益」のこと。商品やサービスそのものではなく、商品やサービスを通じて提供できる便益のこと。

1　ベネフィットで考える

何らかの商品やサービスを提供していると、ついそれそのものをＰＲしがちです。

どういうことかと言うと、リフォーム業者さんなら「内装のリフォームはおまかせください！」、税理士の先生なら「東京で評判の税理士です！」といった具合に、商品やサービスをＰＲしてしまうのです。

しかし、訴求すべきは商品やサービスそのものではなく、その商品やサービスのベネフィットです。

ベネフィットとは、お客様が商品やサービスから得られる効果や利益のこと。

私はもう一歩踏み込んで、「商品やサービスを購入しようとしているお客様が、その商品やサービスを手に入れたときのこと（利用した状況）を想像させてあげること」だと定義しています。

「想像させてあげる」というところが大事なポイントです。

たとえば、ヨガの教室をやっていたとして、「どうしたら生徒さんが増えるだろう」と考え、ストレートに「ヨガをやってみませんか」「うちのヨガ教室はすごいです」などとプロモーションをかけても、うまくいく確率は高いとは言えません。

それそのものをＰＲしてしまっているからです。

なぜ、お客様はヨガが必要なのか。

ヨガを必要とする理由に目を向けなければ、プランニングがおかしくなってしまうのです。

必要だと感じている人の中には、痩せたくてヨガを検討する人もいれば、気持ちを安定させたくてヨガを検討する人もいるでしょう。

痩せることと気持ちを安定させることは、言うまでもなく、違うことです。

つまり、お客様の側からすると、ベネフィットが違うということになります。

サービスを提供する側からすると、「痩せたいならヨガですよ」「気持ちを安定させるためにはヨガが一番！」「あなたの困りごとの解決策はヨガです」というように展開していくのがマーケティングです。

ヨガは「目的」ではなく、痩せたり、気持ちを安定させたりするための「手段」ということです。

ですから、痩せられることをベネフィットとするなら、痩せた後、どんな楽しいことがあるのかを言葉にして、お客様に想像させてあげる必要があるのです。

気持ちを安定させられることをベネフィットとするなら、気持ちが安定した先で、どんな未来が待っているのかを言葉にして、想像させてあげなければなりません。

ベネフィットをどうするかで、誰がお客様なのかが変わってくる、ということです。

提供している商品やサービスのベネフィットを思い浮かべ、もっともマッチするのは、どの困りごとのお客様なのかを考えてみましょう。

2　距離を考える

「今すぐ客」や「まだまだ客」という言葉はご存知かもしれません。

商品やサービスが成約する期待の度合いに応じたお客様の区分のことで、この言葉からもわかる通り、「今すぐ客」はもっとも成約に近いお客様、「まだまだ客」は成約から遠いお客様のことを指します。

一般的には「今すぐ客」が多ければ多いほど、売上も大きくなると言われていますが、成約に近づくほど、その絶対数は少なくなり、競争も激しくなりがちです。

一方、「まだまだ客」は商品やサービスに対するニーズがまだ小さいため、成約までの難易度は高くなりますが、お客様の絶対数は多く、競合の数は少なくなります。

先程のヨガで考えるなら、「痩せるにはヨガしかない！」と考えているのが「今すぐ客」で、「ヨガもアリだけど、マラソンでもいいかも」などと思っているのが「まだまだ客」ということになります。

こうして具体的に考えてみるとイメージもしやすくなると思いますが、「今すぐ客」と「まだまだ客」では、たとえ同じヨガ教室を勧めるのでも、訴求するポイントが違うので、ランディングページの内容も違ってきます。

「今すぐ客」はこちらの話を聞きたい人、「まだまだ客」はこちらの話を聞く体制ができていない人とも言えるので、反応するキャッチコピーも違ってくるでしょう。

つまり、どの層にアプローチするかで、プランもプロモーションも変わってくるのです。

ちなみに、前述のベネフィットで絞った場合、お客様が求めているのは、商品ではなく、悩みや欲求の解決になるので、「まだまだ客」の割合が多くなります。

「今すぐ客」と「まだまだ客」のどちらを選ぶのが正しいということではなく、どちらにもアプローチするべきだと思いますが、現状把握から優先順位をつけ、お客様を絞っていく必要はあるでしょう。

誰がお客様なのかを明確にするための方法として、「ベネフィットで考える」「距離を考える」の2つを解説しましたが、これは自社がどのフィールドで戦っていくかを決めるためのプロセスでもあります。

隙間を見つけるために作成すべきマップとは?

どのフィールドで戦っていくかについて、もう少し話しを続けましょう。
痩せたくてヨガを検討する人もいれば、気持ちを安定させたくてヨガを検討する人もいると前述しましたが、こうして思いつくことというのは、すでに他社も思いついて、プロモーションを仕掛けている激戦区であることがほとんどです。

小さな会社が激戦区で勝負することは自殺行為に近いですから、ターゲットを変えるなどして、できるだけ競合の少ない「隙間」を探していかなければなりません。

隙間を探すためには、発想を転換する必要があります。

たとえば、陶器を作っているとしましょう。

最初は「こういう陶器は、どんな人がほしいのだろう」というところから考え出し、「コーヒー好きの人は器にもこだわる人が多そうなので、よし、コーヒー好きな人に買ってもらおう」などと、お客様を絞り込んでいきます。

そして、「コーヒーをおいしく飲むためには、こういう陶器を使いましょう」というようなプロモーションをすることになりますが、これこそまさに激戦区に飛び込んでいくようなものなのです。

隙間を探すためには、「この陶器の使い道は、飲むこと以外にもあるかも」などと考えて、「仮に、文房具として使うならどうだろう？」と発想を転換していきます。

「陶器＝飲むための器」という商品に対する思い込みを外し、「陶器＝文房具」と発想を転換することで、競合の少ない隙間が見つかることもあります。

もちろん、こうして発想を転換できたとしても、簡単には隙間を見つけることはできないでしょう。

それでも、「参戦してみたら激戦区だった」という最悪の事態を避けるためにも、準備段階では「ポジショニングマップ」を作成することをお勧めしています。

ポジショニングマップは、縦軸と横軸で４つの領域をつくって、自社がどのポジションにいるのかを明確にするマップです。

作成にあたっては、あらかじめ自社の商品やサービスの差別化ポイントや訴求ポイントを明らかにする必要があるので、ポジショニングマップを作る前には、自社（Company）、顧客（Customer）、競合（Competitor）の３つのCを分析していきます（３C分析）。

１ 自社の分析

本書の３章まででお伝えしたことを念頭に、提供する商品やサービスの強みや弱み、現状での市場の立ち位置などを客観的に把握していきます。この際、販売する地域なども視野に入れるようにします。

自社の分析は謙遜してしまいがちですが、自慢するくらいがちょうど良い塩梅です。それがプロモーションにつながるからです。

2　顧客の分析

提供する商品やサービスのターゲットを設定していきます。

繰り返しですが、「若い女性」などと大まかな設定ではブレてしまうので、最後のひとりまで絞り込み、具体的にイメージをすることが大切です。

気をつけたいのは、ランドセルのように「使う人」と「買う人」が違う場合です。

ターゲットは子どもでも、プロモーションするのは親や祖父母ということになります。

取り扱うのがプレゼント商品の場合、実際にお金を払うのは本人ではないので、アピールするターゲットも変わってきます。

3　競合の分析

競合となり得る同業他社をピックアップすることは、結果を出すためには欠かせません。

仮に、提供する商品と同じようなものを他社が扱っているのなら、できるだけ大手と被らない隙間を探していきます。

ただし、大手が扱っている商品というのは、すでに認知はされているということでもあるので、コバンザメ的に大手に便乗するプランも考えられます。

そもそも、ポジショニングとは、市場のなかで定めたポジションを取ることです。

ポジショニングを成り立たせるためには、競合と差別化した商品やサービスをお客様に知ってもらわなければなりません。

そのため、ポジショニングマップは、他社との差別化を図るときに重要な指標となります。

３つのCを分析し、自社の強みや弱み、お客さんはどんな状況で買ってくれるのか、どんな競合がいるのかといった現状を客観的に把握していきましょう。

ポジショニングマップの作成

ポジショニングマップは日頃から競合調査をやっていると比較的作りやすいと思いますが、重要になるのが軸をどうするかです。

軸の設定によっては、ポジショニングマップをうまく活用できなくなるので、軸の定義はとても大切になります。

よくあるのは、縦軸を「価格」、横軸を「品質」とするケースで、この場合、右上が高価格で高品質の市場ということになります。

価格と品質のポジショニングマップは王道なので、必ず一度は考えたうえで、自社のポジションを探るのが良いと思いますが、気をつけたいのは縦軸と横軸の関連性です。

縦軸と横軸の関連性が高すぎると、「一方を立てれば他方が下がる」といったことが起きてしまうので、優位性を見出すのが難しくなってしまうのです。

たとえば、価格と品質の軸にしても、「安くて質の悪いもの」「高くて質の良いもの」という2種類に分かれてしまうと、ポジショニングマップを作る意味が薄れてしまいます。

そうならないためにも、たとえば、お客様が購入や申込みを決める要因を事前に洗い出して、その中から重視されるものを軸として定義するのも方法でしょう。

ヨガ教室を例にするなら、「レッスンの価格」や「レッスンを受けられる場所」、「レッスンを受けられる日時の自由度」、「講師の実績」、「申込のしやすさ」などなど、お客様が申込みを決断するにあたって、いろいろな要因があると思います。

また、カフェを例にするなら、「価格」や「メニューのバラエティさ」の他にも、「空間の居心地の良さ」なども軸になり得るでしょう。

いずれにしても、ポジショニングマップはさまざまな軸で自由に作れるものなので、いくつも作ってみるのが良いと思います。

ただ、自分ひとりだけでポジショニングマップをつくってしまうと、自社の立ち位置を見誤る可能性もあるので、できれば複数人の意見を取り入れて、ユーザー目線でつくるようにしましょう。

どんな商品、サービスであれ、お客様からしてみると、品質が高くて価格が安いというのが理想でしょうが、こうしてマップを作ってみると、じつはそこは競合が多い市場であることがわかったりもします。

自社は現状どの立ち位置にいて、強みを生かして、どのポジションを狙っていくのか。

小さな会社にとって、ポジショニングを明確にすることはとても大切です。とくに、社長は、自社のポジションについて把握する必要がありますし、把握するだけでなく、そのポジションを確保し続けなければなりません。

自社の課題や強みを浮き彫りにするポジショニングマップは、中長期のプランづくりにも役立ちます。

時間をかけ、取り組んでみてください。

ポジショニングマップの例（ヨガ教室）

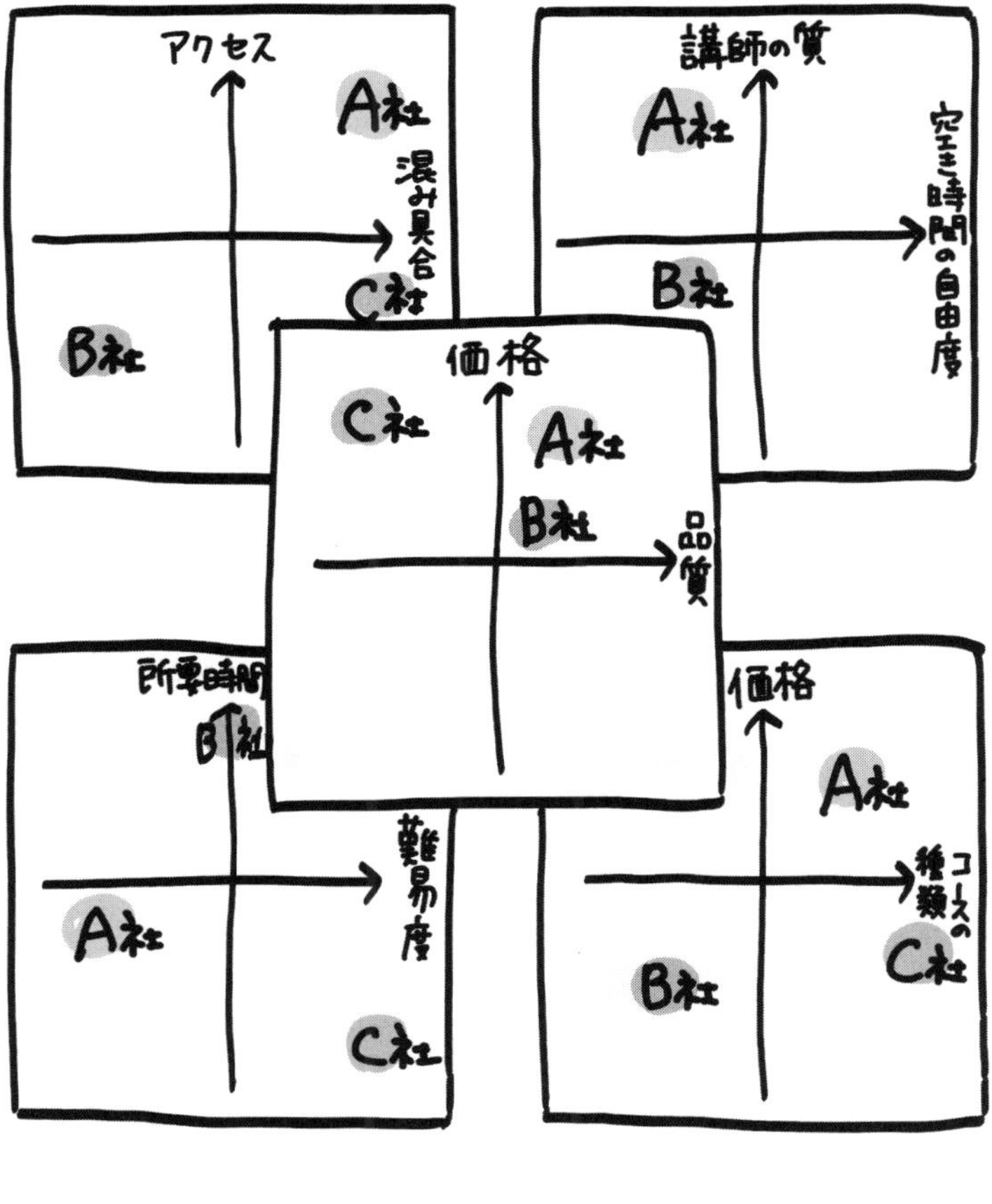

ブランドキーワードとプロモーション相関図

狙うべきポジションが定まったら、次は「ブランドキーワード」と「プロモーション相関図」に取り掛かりましょう。

これらがあることで、自社の将来像をイメージしやすくなりますし、今後どんなことに取り組んでいけば良いのかも明確になります。

1　ブランドキーワード

お客様にどんな言葉で自社が提供する商品やサービスを知ってもらうのか、それがブランドキーワードです。

ブランドキーワードを決めることで、将来的なブランド化につながります。

第2章でもお伝えした通り、ブランディングは「カステラと言えば文明堂」「シウマイと言えば崎陽軒」という感じで、「Aと言えばB」とすぐにイメージが結びつくところが目指すところです。

それだけに一朝一夕にはいきませんが、どこを目指しているかという旗印にもなりますので、あらかじめ決めておくようにします。

ブランドキーワードは、社名や商品名など、企業のブランドに関連したものが基本となり、社名や商品名の単体ワードではなく、「ワードプレス　人気」「ワードプレス　料金」「ワードプレス　初心者」という具合に、組み合わせのキーワードでも良いでしょう。

具体的なキーワードになればなるほど集客につながりやすくなるのですが、ブランドキーワードは、今すぐその商品を必要としているわけではないことも多く、ビッグキーワードでもあるので競争も激しかったりします。

ですから、まずは自社にとって本当に必要なお客様に知ってもらうために、同じブランドキーワードであっても、日本全国にあえてPRする必要がない場合などは、そのときにかけられる予算とのトレードオフになりますが、広告出稿する際には、IPアドレス※の属性指定をするなどの工夫も必要になっ

【IPアドレス】
ネットワークにつながっている機器（スマホやパソコンなど）に割り振られた番号のこと。「Internet Protocol Address」の略。

てきます。

また、「スポーツドリンクと言えばポカリスエット」を「健康飲料と言えばポカリスエット」と、「スポーツ」から「健康」にキーワードを変更したところ、ポジションが良くなって売上が飛躍的に伸びたという事例もあります。

つまり、ニーズによってブランドキーワードも変わるということです。同じ商品であっても、キーワードを変えることで状況が良くなることもあるわけですから、いかにポジショニングが大事かということです。

ブランドキーワードを決めるために、まずはどんなキーワードがあるのか、どんなキーワードで知ってもらって、どんなキーワードで検索されるのかを思いつくだけ書き出してみましょう。

2 プロモーション相関図

プロモーション相関図は、ウェブで人を集めるための手段（集客手段）を可視化した図になります。

何をやるにしても、そもそも人がいなければ、売上が上がりようもないので、まずは人が集まる状況（仕組み）を作っていくことです。

これからビジネスを立ち上げようというとき、人のいない田舎でやるのはハードルが高いですが、人のいる都会でやると競争率は高くなるものの、ハードルが下がるという理屈と同じです。

人の多い少ないというのが、ウェブでいうところのアクセス数になります。

「いろいろとＳＮＳはやっているけど、アクセス数はちっとも増えていない」

「ＹｏｕＴｕｂｅの登録者数は増えたけど、自社サイトのアクセスは変わらない」

「ブログもＦａｃｅｂｏｏｋもやっているけど、売上につながっていない」

こうした状況になるのは、ＬＩＮＥが流行ればＬＩＮＥをやって、Ｙｏｕ

Ｔｕｂｅが流行ればＹｏｕＴｕｂｅをやるという感じで、それぞれの施策が点になったままで、線になっていないことが原因かもしれません。

これでは、つぎはぎだらけの着物のようなものなのです。

こうしたことにならないためにも、全体を俯瞰して整理整頓し、意味のあるアクセスを増やしていきましょう。

プロモーション相関図の作成は、そのためにも役立ちます。


相関図を作るときには、まずは中心を決めます。

中心というのは自社サイト（オフィシャルサイト）であることが多いのですが、ある程度の知名度があるのであれば、自分の名前を中心とするのでも良いでしょう。

いずれにしても、その中心に向けて、どんな手段を使って、どのようにアクセスを集めるのかを可視化していきます。

その際、各ＳＮＳの特徴や概要については知っておく必要があります。

４大ＳＮＳメディアであるＴｗｉｔｔｅｒ、Ｆａｃｅｂｏｏｋ、Ｉｎｓｔａｇｒａｍ、ＹｏｕＴｕｂｅ、それにＬＩＮＥについて簡単に解説しましょう。

どのメディアが良いかは、ターゲットとするお客様の層や訴求の方法などによって変わってきます。

個人へリーチするなら、やはりＬＩＮＥで友達登録などがおすすめです。ＹｏｕＴｕｂｅもありでしょう。

拡散力があって、スピーディーなのはＴｗｉｔｔｅｒが圧倒的です。

これをプロモーションのツールとして使うのは、とても効果的なので外せません。

一方、意外とマーケティングに弱いのはＩｎｓｔａｇｒａｍです。コミュニティ形成はするものの拡散力はそれほどでもないという印象です。

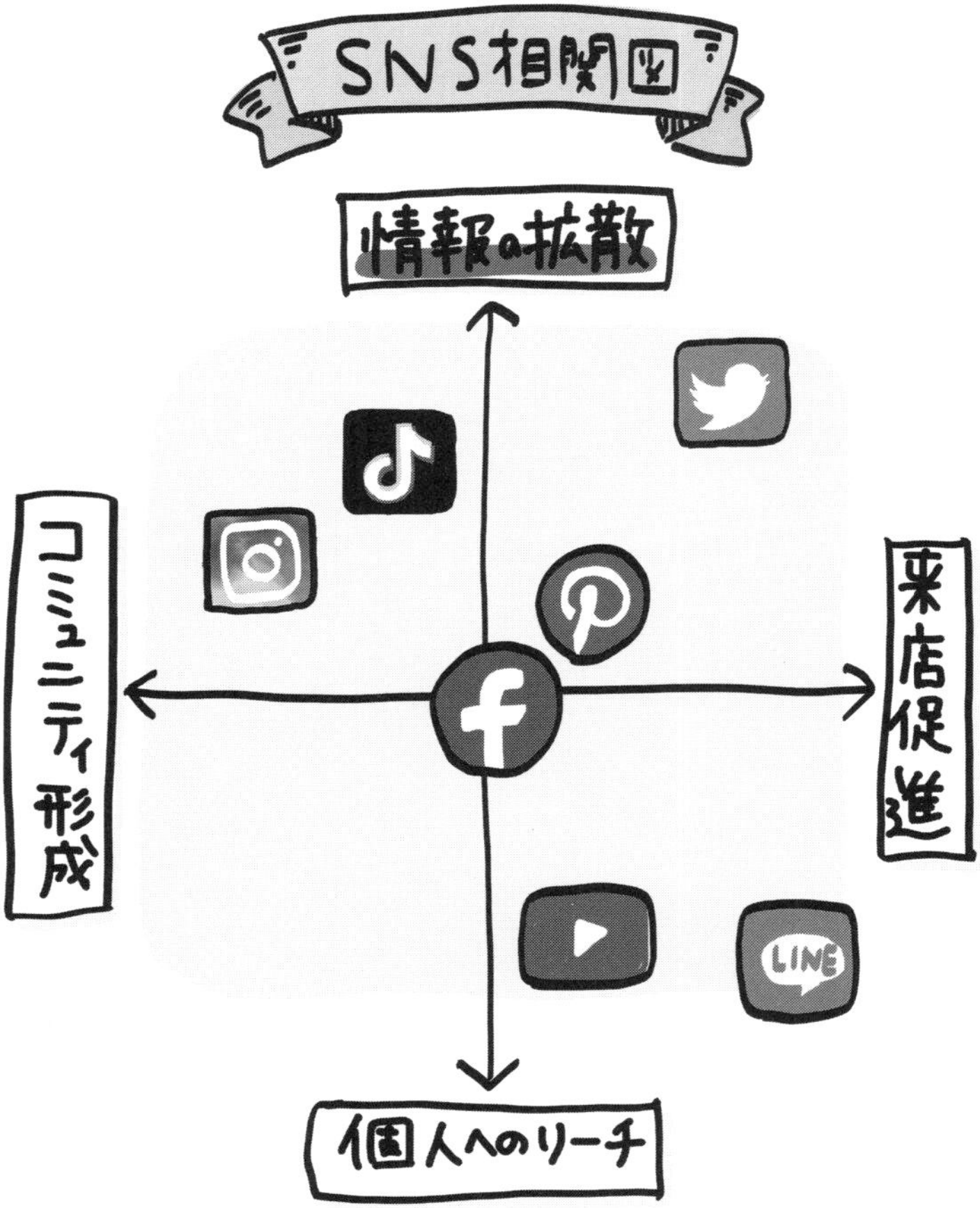
SNS相関図
情報の拡散
コミュニティ形成
来店促進
個人へのリーチ
LINE

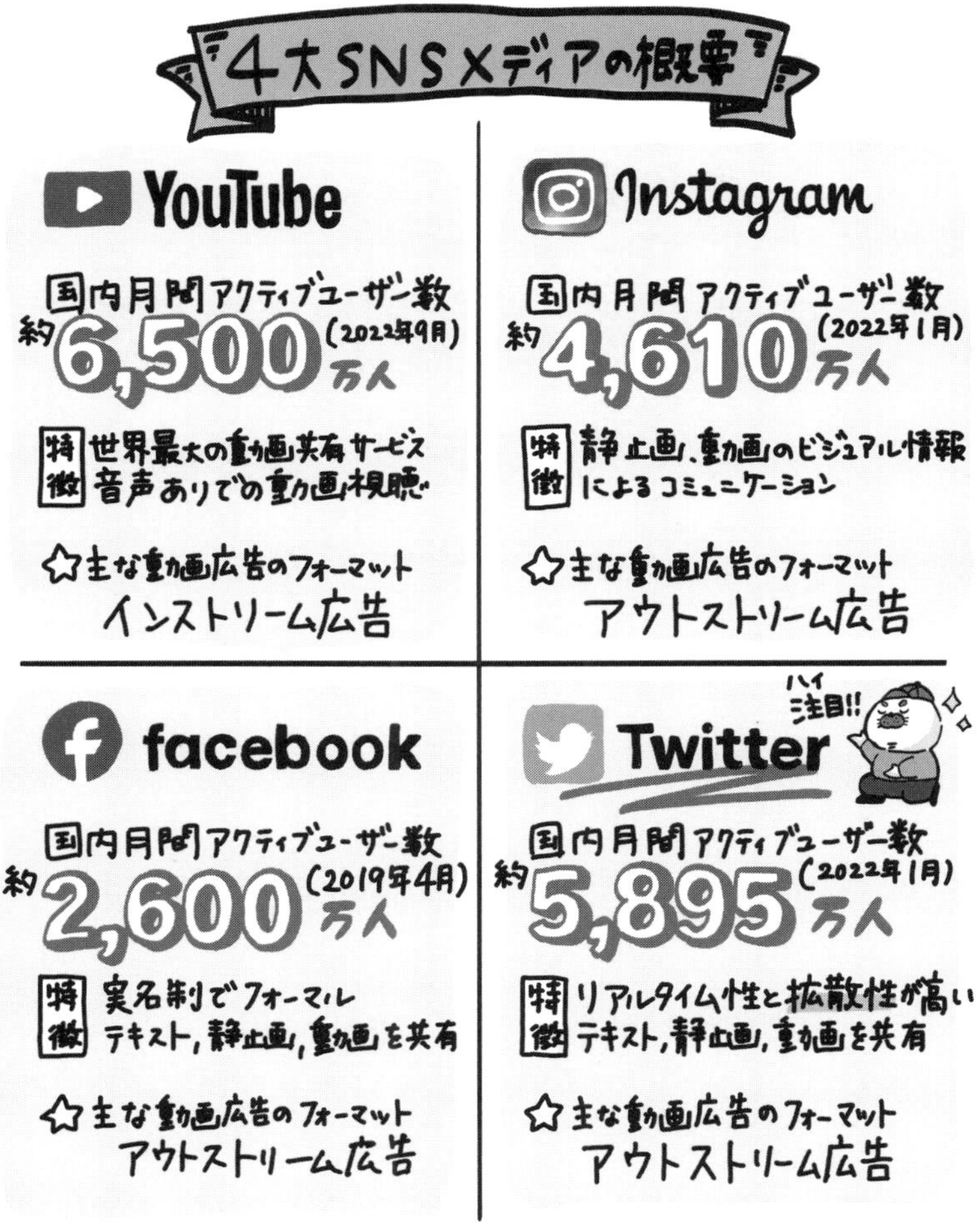
4大SNSメディアの概要
YouTube
国内月間アクティブユーザー数
約6,500万人（2022年9月）
特徴 世界最大の動画共有サービス
音声ありでの動画視聴
☆主な動画広告のフォーマット
インストリーム広告
Instagram
国内月間アクティブユーザー数
約4,610万人（2022年1月）
特徴 静止画、動画のビジュアル情報によるコミュニケーション
☆主な動画広告のフォーマット
アウトストリーム広告
facebook
国内月間アクティブユーザー数
約2,600万人（2019年4月）
特徴 実名制でフォーマル
テキスト，静止画，動画を共有
☆主な動画広告のフォーマット
アウトストリーム広告
Twitter
ハイ注目!!
国内月間アクティブユーザー数
約5,895万人（2022年1月）
特徴 リアルタイム性と拡散性が高い
テキスト，静止画，動画を共有
☆主な動画広告のフォーマット
アウトストリーム広告

相関図を作ってみると、「商品のことを知ってもらうためには、どのSNSを使うのが良いのか」「そもそもSNSで適切なのか」「SNS以外の手段はないのか」など、たくさんの疑問が出てくると思います。

お客様に知ってもらったり、興味や関心を持ってもらったりするための手段は無数にありますが、ウェブマーケティングの経験値が高ければ、そうした「引き出し」の数は自ずと増えますし、低ければ少なくなると思います。

これは、「ジャガイモとニンジン、玉ねぎと豚肉が冷蔵庫にあるときに何を作る？」と聞かれて、料理経験が乏しいとカレー以外には思いつかないけれど、日々料理をしているベテラン主婦なら、カレー以外にも豚汁や肉ジャガ、ポトフなど、たくさんの料理を思いつくのと同じです。

ですから、経験値が低いうちは、ひとりで相関図を作ろうとするのではなく、数名でブレストしながら作成していきましょう。思わぬアイデアに出会えるはずです。

そして補足ですが、アクセス数を今後どれくらいまで伸ばしたいかを考えるとき、現状はあまり気にする必要はありません。

私のクライアントさんの中には、最初の目標を２０００ＰＶに設定したところ、17年経って1千万以上のＰＶになった方もいます。

現時点でのアクセス数が少なかったとしても、やり方次第で１０００、２０００は簡単に伸ばせるのです。

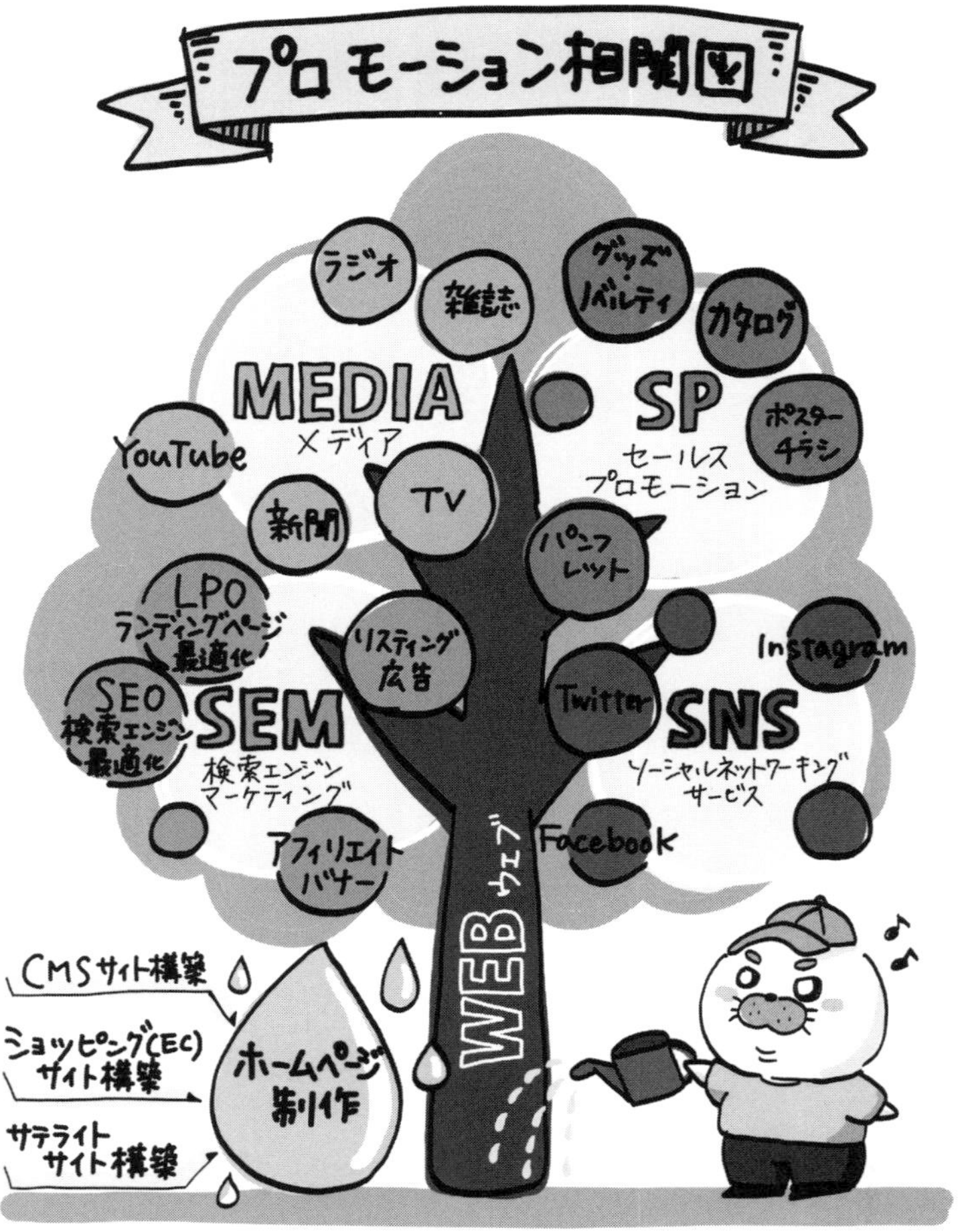

プロモーション相関図
ラジオ
雑誌
グッズ・ノベルティ
カタログ
MEDIA
メディア
SP
セールスプロモーション
ポスター・チラシ
YouTube
TV
新聞
パンフレット
LPO
ランディングページ最適化
リスティング広告
Instagram
SEO
検索エンジン最適化
SEM
検索エンジンマーケティング
Twitter
SNS
ソーシャルネットワーキングサービス
アフィリエイトバナー
Facebook
WEB
ウェブ
CMSサイト構築
ショッピング(EC)サイト構築
サテライトサイト構築
ホームページ制作

第5章
プランを立てるときに踏まえたい時代と業界の動向

業界動向と時代状況

ここまで、プランを立てるにあたってやるべき様々なことをお伝えしてきました。

たくさんのことがあるので、「こんなにもやることが多いの？」と思うかもしれませんが、成功する事業、成功するプロモーションには、やはり、それに値するだけのプランがあるものです。

プランを立てるにあたっては、さらに業界動向や時代の流れなども踏まえておく必要があります。

たとえば、日本映像ソフト協会の調査によると、映画などのレンタル市場は縮小傾向にあって、２０２０年の時点で5年前からほぼ半減しているそうです。

代わりに、いつでも好きな映画やアニメを観られる動画配信サービスの市場が4倍以上に増えているとのこと。

この状況で、仮に店舗型のレンタルビデオ事業に参入するとしたらどうでしょうか。

動画配信サービスにはないニッチなラインナップを揃えて、最適な出店エリアを検討するなど、それなりのプランが必要になるでしょう。

また、別の例になりますが、経済産業省が公表している「令和2年度 電子商取引に関する市場調査」によると、通販市場は年々拡大傾向にあって、2020年における国内のEC市場（物販）は伸長率21・71％増の12兆2333億円となっています。

これは、物販ECの市場規模が算出されるようになった2014年以降では、もっとも高い伸長率だったそうです。

この背景には、新型コロナウイルスの感染拡大で巣ごもり需要が高まったことがありますが、見過ごすわけにいかないのは、そもそもスマホの普及によって、コロナ以前から通販の利用者は増加傾向にあったという点です。

新型コロナウイルスについては対面販売だけでなく、通販に取り組んでいる企業のほうがダメージも小さかったというデータがあります。

結果論かもしれませんが、通販の利用者が増加傾向にあるという事実に、どんなプランを立てていたかが大きな意味を持ったと言えるでしょう。

どんな業界にも「動向」や「流れ」のようなものがあり、時代や社会の状況が会社経営には少なからず影響を与えます。

進化のスピードの早いインターネット業界も、トレンドだったプロモーション手法や広告媒体がほんの数年で移り変わるということがあったりするので、これからプランを立てるにあたって踏まえておきたいトピックについて、いくつか取り上げておきましょう。

キーワード広告を取り巻く状況

ネットマーケティングで活用される主な広告に、キーワード広告がありま す。キーワード広告とはＧｏｏｇｌｅやＹａｈｏｏ！の検索窓にキーワード を打ち込んで検索した際に表示される広告です。

キーワード広告は「ＰＰＣ広告」「リスティング広告」とも言われていま すが、ここで一度おさらいしておきましょう。

ＰＰＣ広告は「Pay Per Click」の略で、表示されるだけならお金はかから ず、クリックされるごとに課金されます。

ＰＰＣ広告は大きく分けると、「検索連動型広告」と「コンテンツ連動型 広告」という2種類があります。

「検索連動型広告」はＧｏｏｇｌｅやＹａｈｏｏ！などの検索結果の画面上 に表示される広告で、検索キーワードに設定された広告が表示されます。

「コンテンツ連動型広告」は「ディスプレイ広告」とも呼ばれていて、さまざまなサイトの広告枠に表示されます。ユーザーの属性や興味、過去のサイト訪問履歴などと連動して広告が表示されます。

リスティング広告は、「検索連動型広告」の別称で、検索結果の画面上にリストのように表示されるので、「Ｌｉｓｔｉｎｇ（リスティング）」と呼ばれています。「コンテンツ連動型広告」は、リスティング広告には含まれません。

ＰＰＣ広告という大きなグループの中のひとつに、リスティング広告（検索連動型広告）が含まれていると考えるとわかりやすいかと思います。

さて、このキーワード広告ですが、ここ数年で事情が大きく変わってきているのです。以前は、大手企業はキーワード広告をあまりやっていませんでした。どちらかというと、ブランディング目的で、たくさん露出するためにバナー広告をやっていたのです。

ところが最近は、大手もキーワード広告をやるようになっています。

これまで大手がやらなかったので、小さな会社でもキーワード広告をやれたのですが、大手が予算をかけてキーワード広告に取り組み始めてしまったので、1日何万円などという単位で小さな会社が頑張っても、とてもではないですが太刀打ちできません。

今では想像できるくらいのビッグ※キーワードは、大手がすべて1位を獲っているような状況です。

そして、小さな会社にとって困ってしまうのがAIです。

以前であれば、ニッチなお宝のようなキーワードを見つけて、自分だけこっそり儲けるということもできていたのですが、今はAIで管理しているので、他の会社がどういうキーワードで広告を出しているのかがすべてわかってしまうのです。

「このキーワードで出稿しているな」などと発見されてしまうので、大手はすぐに予算をかけて、そのキーワードを奪ってしまいます。

本書の第2章で、ブランディングと集客は2つの軸に分けて考えるとお伝えしましたが、ブランドキーワードをキーワード広告で追いかけるのは、もはや現実的でなくなっていることがおわかりいただけると思います。

【ビックキーワード】
検索エンジンの検索ボリューム（検索回数）が多いキーワードのこと。

知ってもらうためだけの広告

では、小さな会社は、大手の参入で高騰するキーワード広告をどのように活用しているのでしょうか。

答えは、クリックさせない広告です。

キーワード広告はクリックされるごとに課金される仕組みなので、見てもらうだけなら、お金は1円もかかりません。そこをうまく突くわけです。

最近は、もうホームページなどにリンクすることもなく、ただ見せて終わりという感じの広告もあります。

つまり、認知を高めるために、なるべくタダで見てもらうのが、ブランディング目的のキーワード広告ということになります。

また、同じような考え方で、ＹｏｕＴｕｂｅの広告も活用できます。

たとえば3分の広告を作ったとして、3分全部を見てもらうのでも良いのですが、最初の5〜30秒だけ見てもらう工夫をするのです。というのも、YouTubeの広告は30秒以上視聴があると課金されてしまうからです。できるだけ広告予算を割かないようにするために、あえて最初の30秒まで勝負。この30秒でユーザーに関心を持ってもらえれば、印象に残って検索もしてもらえる可能性も高まります。

私はこうした広告をいっぱい作ることで、検索もしてもらえるし、広告費も安く抑えることができるので良いのではと思っています。

知ってもらうためだけの広告というと、テレビCMに近いイメージを持つかもしれませんが、テレビCMのように幅広いターゲットに見てもらうわけではありません。

ネットの場合、きちんと広告設定をすることによって、見てほしい人にだけ見てもらえるようにできます。

今はどんな人に向けてPRするかを設定すれば、そういう人に向けて勝手に広告が流れるようになっているのです。

とはいえ、これまでなら、ユーザーにキーワード広告をクリックしてもらって、最後は購入や申し込みという出口を用意していたのですから、「見せるだけなのはわかったけれど、コンバージョンの部分は？」と不安に思うかもしれません。

その気持ちはよくわかります。でも、インターネットユーザーもどんどん賢くなっているのです。

商品やサービスを知ってもらって、購入や申し込みまで一気に引き上げようなどという企業側の思惑を、ネットユーザーもよくわかっているので、もう引っかかってくれないのです。

商品やサービスを知ったら、ユーザーはとりあえず商品名で検索して、口コミや最安値などをチェックしています。

そういう時代なので、簡単に完結なんてできなくなっているのです。

こうした背景にあるのがスマホです。

最近ではガラケーを使っている人を見かけることも少なくなりましたが、スマホを使うようになって、私たちの意識や行動も変わってきています。

大切なのは、こうした流れをどう捉えるか。

商品名で検索して口コミや最安値をチェックというのは、いっけんするとマイナスに感じるかもしれません。

でも、無理に購入や申し込みまでの流れを作らなくても、気になることなら検索してもらえるというのは、考えようによってはプラスの面もあります。

いかに興味・関心を持ってもらうかですが、求められているのは、購入に至るまでの「知ってもらう」「興味・関心を持ってもらう」「比較・検討してもらう」「購入してもらう」という各段階で、それぞれに応じた適切な施策を打つということになります。

参考までに補足すると、売上を「1」あげたい場合、それに必要なお問い合わせ数は10件（10倍）と言われています。

そして、お問い合わせフォームから、お問い合わせが送られてくるまでに必要なアクセス数はこの10倍（１００ｐｖ）。

さらに、そこにいくまでのアクセス数となると、この20倍の２０００アクセスと言われています。

逆に考えると、２０００ｐｖのアクセスがあっても、そこからお問い合わせフォームまで辿り着く人は１／20（１００人）、そこから実際に送信までする人は、そのさらに１／10（10人）。

その10件のお問い合わせのうち、契約（売上）になるのは、せいぜい１件ということです。

売り上げを「１」上げるために、これだけのアクセス数が必要ということですが、この率を上げていくための施策を考えることがプランになります。

購売の行動モデルとマーケティングの目標

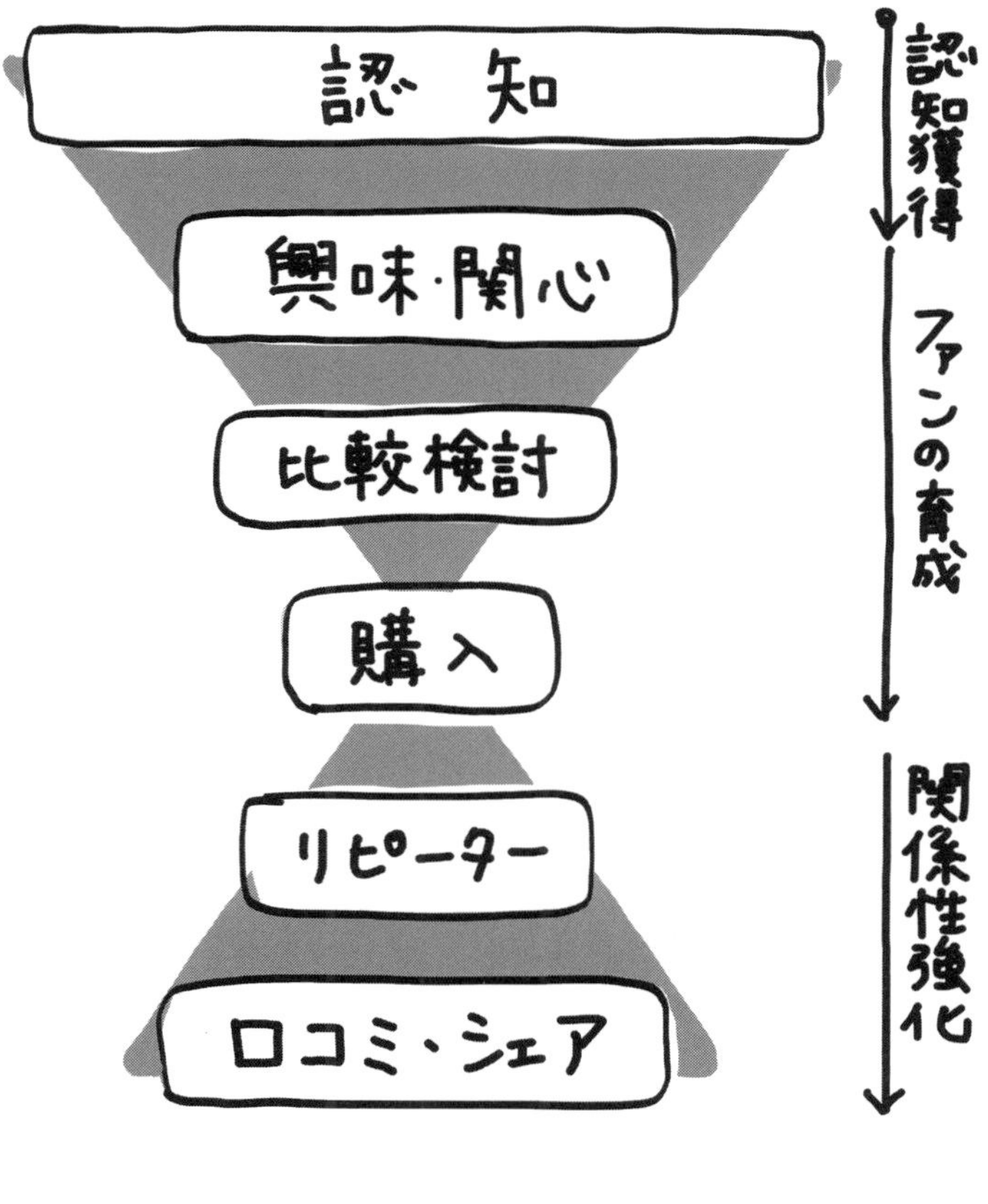

行動してもらうための仕掛け

２０１７年には「インスタ映え」が流行語大賞を受賞しましたが、見栄えの良い写真をＳＮＳに投稿するという行動は、もはや珍しいことではなくなっています。

最近は飲食店に行っても、スマホで店内や料理の写真を撮る人をよく見かけるようになりました。

こうした流れの中で、画像や動画がＳＮＳで広まることの広告効果を期待して、「映え」を意識した店舗づくり、メニューづくりに励むお店も増えています。

たしかに誰もＳＮＳに投稿しようと思わないメニューだけのお店よりも、思わずＳＮＳに投稿したくなるようなメニューがたくさんあるお店のほうが、集客力は高いと言えるでしょう。

知ってもらうという初期段階の施策ではありますが、ただ見てもらうだけでも、こうして話題を作っていくことは、飲食店に限らず、大切なPR手法のひとつと言えます。

話題を作るという意味では、先ほどのクリックさせない、ただ見てもらうだけの広告でも、たとえば、クイズのような質問形式の広告を作るのも一案です。

その広告を見た人が答えを知りたくなるようなクイズであれば、答えを検索する人も増えるでしょう。

また、「フットゴルフ」のような、まだあまり知られていない言葉だけを言って終わりにしてしまう動画広告を作って、商品やサービスをPRすることも考えられます。

よく知らない言葉は気になるものですから、「フットゴルフって何だろう」などと検索してくれる人も増えるはずです。

いずれにしても、クイズの答えやよく知らない言葉を検索した人には、リマーケティングという追いかけ広告を出すようにして、どこでコンバージョンを上げるのかという次の展開に持っていくようにします。

以前はこうしたことを手作業でやっていたのですが、今ではオートマチック化してきています。


一方的に商品やサービスをＰＲするだけでなく、画像や動画を投稿してもらったり、検索してもらったり、いかにネットユーザーに行動を起こしてもらうかが、プロモーションを考えるうえで大切なポイントになります。

ユーザーの興味や関心を引くキャッチーなものを用意できれば、ＹｏｕＴｕｂｅを見ていようと何をしていようと、気になって行動してくれるのです。

ついプランを立てるとなると、いかにアクセス数やお問い合わせ数を増やすかといったところに意識が向いてしまいがちですが、数字だけはなく、いかに行動をしてもらうかという人の気持ちも合わせて考えておくようにしましょう。

自分でSNSを頑張るよりも優先すべきこと

いかに行動してもらうかというなかで、画像の投稿や検索よりも最強なのは口コミです。

企業の広告よりも、商品やサービスを利用しているお客様の意見は、信頼されやすい情報として、セールス効果も高くなっています。

たとえば、おいしいラーメン屋さんを見つけたとしましょう。

そのラーメン屋さんのことを知り合いや友達に教えようとするのは、広告性も低いですし、自然な行動です。これと同じことをＹｏｕＴｕｂｅでやったなら、やはり、その動画は表示されやすいと言えます。

自作自演ではなく、誰かをティーアップしたり、何かをおすすめしたりというのは、質の高い情報として、検索でもＹｏｕＴｕｂｅでも表示されやすいのです。

仮にラーメン屋さんから謝礼をもらっていたとしても、ＡＩも初期段階ではそこまでは読み取れないので、いわゆる「案件」が流行っているわけです。

インフルエンサーにお願いするほうがバズる可能性も高まりますので、こうしたことも含めて、どんなプランを立てるかということでしょう。

とくに小さな会社の社長や個人事業などで、個人アカウントでＩｎｓｔａｇｒａｍやＦａｃｅｂｏｏｋをやっている場合は、一考の余地があります。

たとえば、ダンススクールの講師をしていて、「一番人気のクラスです」「地域で評判のスクールです」などと投稿したとしましょう。

よく見かける種類の投稿ですが、これを見て、純粋に「おめでとう」「すてき！」などと思っているフォロワーはあまりいなくて、ほとんどは「お客さんを集めようとしているな」などと思っているわけです。

投稿の真意がどうであれ、個人アカウントでこの種の投稿をするのは、自作自演のようで、どうしても胡散臭くなってしまうのです。

こうしたときには、自分で「一番人気のクラスです」「評判のスクールです」などと投稿するのではなく、口コミ情報として、お客様に投稿してもらうことです。


「前から気になっていたスクールにやっと通えそう」

「人気のクラスに通っています」

「ここのダンススクールに来月から通います！」


クラスの生徒さんが投稿したくなるような仕掛けがあれば、写真や動画も含めて投稿してもらえるでしょう。

投稿してくれるのがインフルエンサーだったら、投稿の反響も大きくなります。


個人が一番頑張ったらいいのは、インスタグラマーとの連携です。

ダンススクールのことをもっとたくさんの人に知ってほしいと思うなら、

自分でＳＮＳを頑張るよりも、気が合いそうなインフルエンサーと仲良くなって、「○○さんのスクールはすごいよ」などと言ってもらうほうが結果も早いのです。

元も子もない話に聞こえるかもしれませんが、影響力のある人たちとつながるほうが早い、というのは真理です。

「もう3年、ブログを頑張っています」というような人は少なくないですが、その労力と時間でインフルエンサーと仲良くなって、喜んでもらうことです。

そうすれば紹介してもらえます。

つまり、キーマンを見つけて、その人に認められる。そのためのプランを考えるということです。

ロードマップを描こう

時代や社会の状況を踏まえつつ、「知ってもらう」「興味・関心を持ってもらう」「比較・検討してもらう」「購入してもらう」という購入に至るまでの各段階に応じた施策をイメージできたら、ロードマップ※を描いてみましょう。

ロードマップは、プロジェクトの大まかなプランを立てるときに使う工程表です。たとえば、「プチ断食」という言葉を、自社の商品やサービスを知ってもらうキーワードにしたとしましょう。

プチ断食というキーワードで、ホームページやランディングページを作りました。検索したら上位に表示されています。ただ、上位に表示されているもののぜんぜん売れないという状況があったとします。

こうした場合、その商品やサービスを誰に向けてＰＲしていくかという本質的な部分、ロードマップを作れていないことが原因かもしれません。

プチ断食をどんな人に向けてプロモーションするのか。

【ロードマップ】
目標を達成するまでに行うべきことを時系列順にまとめた計画案のこと。文章だけでなく、図や表などを用いて視覚的にわかりやすいように作成される。

プロモーションの結果、その人たちが「プチ断食」という用語を知って、「聞いたことがある」とだんだん理解してきます。理解してもらうために、さまざまなプロモーションをやるわけです。

そして、最終的に「半日だけのプチ断食」や「3日間のプチ断食」というように、プチ断食シリーズができあがり、「ブランド」ができあがるのです。

ここまでには膨大な作業があるはずです。この膨大な作業を見通しておかないと、途中で道に迷うことにもなりかねません。

よくあるのは、たとえば、タダだからとＹｏｕＴｕｂｅを始めてみたものの、満足のいく動画を作れなかったりして、最初はお金を使わないつもりだったのが、場当たり的に外注に予算を使ってしまうことです。

それが悪いということではありませんが、小さな会社にとって予算をどこに割くかは重要です。私ならＹｏｕＴｕｂｅをやるにしても広告に使います。そうすれば露出できます。そこが第一フェーズです。

かけるべきところに予算をかけるという意味では、プランを立てるためのテスト的なこと、調査にこそ予算を割くべきなのです。

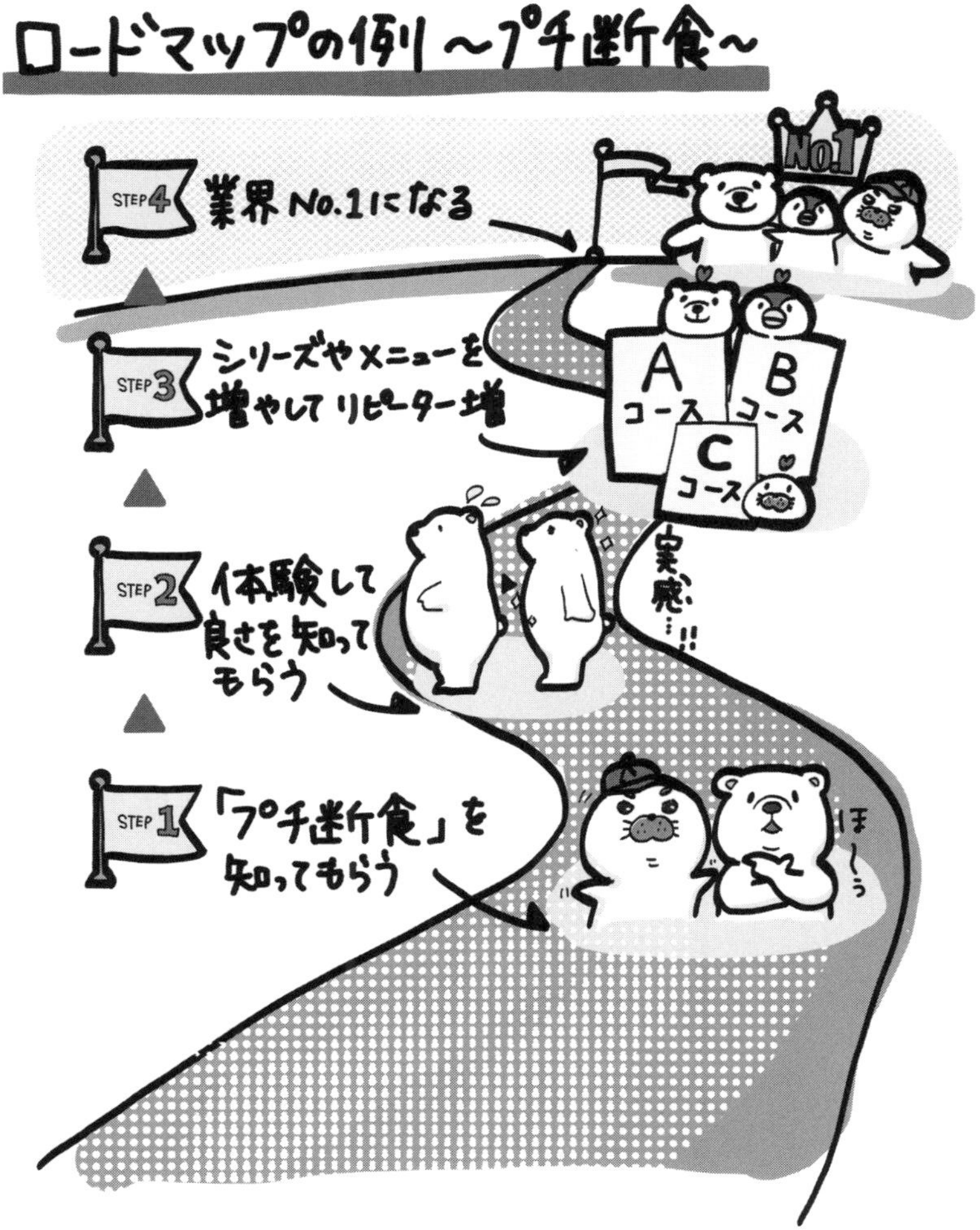
ロードマップの例～プチ断食～
STEP4 業界No.1になる
No.1
STEP3 シリーズやメニューを増やしてリピーター増
A コース
B コース
C コース
STEP2 体験して良さを知ってもらう
実感…!!
STEP1 「プチ断食」を知ってもらう
ほ～う

第6章
プランのケーススタディ

ケース1　内装リフォーム業
「ウェブ集客は未経験ですが、今後を見据えてネット集客を強化したいです。どんなプランが考えられますか？」

まずは、内装リフォームに興味や関心のある方が、どんな行動を取るかについて考えてみましょう。

内装をどうにかしたいと思っている方は、最初のうちはインターネットであれこれと検索して、必要とする情報を収集すると思います。

たとえば、バリアフリーを検討中の方なら「内装　バリアフリー」と検索するかもしれません。浴室のリフォームを考えている方なら「浴室　リフォーム」と検索するかもしれません。

内装リフォームと言っても、そこにはいろいろなニーズが含まれているわけです。

限られた予算、人員で勝負する小さな会社は、こうした情報収集をしている段階の人をお客様として想定すべきではありません。

では、小さな会社が狙うべきお客様は、どの段階の人でしょうか。

それはある程度、内装リフォームの内容や予算などがわかってきて、依頼する業者をどこにするか検討している人です。

この段階になると、たとえば、ある大手メーカーの商品名やブランド名で検索し始めています。これは、第2章でもお伝えした本当にコンバージョンしやすい具体的なキーワードです。

繰り返しですが、集客できるキーワードと、落としどころとなるニッチなキーワードは違うので、そこを間違えないことです。

キーワードについては「Ｇｏｏｇｌｅ トレンド」という過去の検索傾向や人気度などを確認できるツールで細かなキーワードを拾えるので、初期段階はその中から良いと思うキーワードを選ぶようにします。

狙うべきキーワードを決めたら、ランディングページを作成して、1番上に表示されるようにキーワード広告を出します。

このランディングページの出口、ＫＰＩをどうするかも大事なポイントです。

ＫＰＩ（Key Performance Indicator）とは、目標を達成するための重要な業績評価の指標のことです。

この事例の最終目標は申込みをいただくことですが、ＫＰＩとしては、資料請求や見積り請求、電話でのお問い合わせなどが考えられるかもしれません。

ただ、前述の通り、情報収集をしている段階の人はお客様にするべきではないので、資料請求はＫＰＩの候補から外します。

次に見積りの請求ですが、これはこれで悪くないのですが、見積りをＫＰＩとする場合、そこからクロージングまでをプランニングする必要があります。

自社の営業マンの人数やスキルなどを考え、クロージングまで持っていけるという計算が立つのなら、見積りの請求をＫＰＩとしても良いでしょう。

ただ、私がプランを立てるなら、逆に、他社の見積りを取り終わったであろう人にランディングページを見てもらうようにします。

他社で見積りを取って、どのくらいの価格になるかもわかっている方に、電話で問い合わせてもらうのです。

つまり、ＫＰＩは、電話のお問い合わせ件数になります。

この場合、他社との違いをランディングページで訴求する必要があるので、「ちょっと待った！リフォームを価格だけで決めていませんか？」など、ちょっと不安にさせるようなキャッチコピーを用意して、差別化を図ります。

それに加え、他社の失敗事例を盛り込みながら、プロが親身になってサポートしていることをしっかりと訴求します。

また、「○△県ナンバーワン」「年間施工件数○○件！」などの実績も安心感につながるので忘れるわけにはいきません。

リフォームに限らないですが、高額な商品、サービスほど悩むものなので、どこに依頼するかというところで不安になってもらい、電話をかけてもらおうというプランです。

「価格だけで決めていませんか？」とおどかすようなキャッチコピーにしているので、そのうえで電話をかけてくれる方というのは、ある程度、価格が高いことは織り込み済みのはずです。

その代わりに求めているのは、保証の部分ですから、しっかりと安心安全を謳っていく必要があるのです。

場合によっては、返金保証を付けるなども考えたほうが良くなるでしょう。

このプランは、営業マンが数人ほどの小さな会社を想定して、ランディングページを営業マンとして、お客様の選別を図っています。

ですから、電話がかかってきたら一気に成約まで持っていかなければなりません。

誠実さが重要なファクターとなるので、電話を受ける営業マンの人となりが試されるでしょう。

仮に、親身になって対応することが難しい場合、ＫＰＩが変わってきます。

今度は、メルマガに登録してもらったり、Ｔｗｉｔｔｅｒをフォローしてもらったりなど、ＳＮＳへの誘導がＫＰＩとなってきます。または、お米をプレゼントするなどキッカケを作って、展示場に来てもらうということも考えられるでしょう。

いずれにしても、お客様に適切な情報を提供して、育てていくというプランです。

自社のリソースによってＫＰＩは変わるものですが、成約までの時間も手間もかかるので、基本的には大手以外はおすすめできません。

小さな会社にとって大切なのは、お客様の設定です。他で見積りを取っている人をターゲットに、そこに丁寧に、親身にリーチしていきましょう。

ケース2　アルコール販売業

「TwitterやFacebookで商品の魅力を伝えているものの売上につながっていません……」

ウイスキーやワインなどアルコール類をウェブで販売していく場合、独自性を作ることが大切になるので、もっとも力を入れたいのはパッケージです。

そのため、ここではパッケージを検討できることを前提に話を進めたいと思います。

なぜパッケージが大切なのかは、冷静に考えるとわかると思います。

ネット上ではさまざまなお酒が販売されていて、作り手のこだわりや飲み口、味わいなどをしっかりと語ってくれています。

それがダメということではありませんが、逆に考えると、こだわりや味わいなどで差別化を図ることは難しいとも言えます。

どれだけこだわりや味わいを丁寧に伝えても、購入を決めるまでの動機に到達しない、その可能性があるのです。

こうした場合、「見た目」で勝負するようにします。「見た目がカッコいい」「見た目がかわいい」というのは、じゅうぶんな購入動機になるのです。

そしてポイントは、やはり誰をお客様として想定するかです。

自分でやっていると思い入れが強くなって、どうしても盲目になりがちですが、思い込みは捨てるべきです。

たとえば、「お酒はおじさんが飲む」というのも思い込みかもしれません。

このケースの場合、私ならプレゼントを探している人をターゲットとします。

話題になるようなパッケージのお酒なら、プレゼントしたくなる人も少なくないはずですし、贈答品とすることで単価も上げやすくなるでしょう。

つまり、自分で飲む人に購入してもらうプランではなく、プレゼントを探している人に購入してもらうプランを立てます。

そこでまずは、「どんなワインやウイスキーならプレゼントしたくなるだろう」と購入する人の立場や感覚になってリサーチをします。

関係のない第三者にモニターになってもらったり、ショッピングモールで贈答品を検索したりして、「良いな」と思うものはお酒以外のものも含めて、徹底的にチェックしていきます。


次にどのように商品を知ってもらうかです。

見た目のカッコいいお酒なら、ＩｎｓｔａｇｒａｍやＴｗｉｔｔｅｒとの相性もバツグンですから、前章でもお伝えしたように、インスタ映えするようなパッケージの画像を準備します。

このとき、パッケージの見た目と同じくらい大事になるのが、お酒のネーミングです。ここはお金を払ってでもプロに任せたほうが良いでしょう。

このプランの場合、ランディングページを作る必要もないので、ＫＰＩはシンプルにＩｎｓｔａｇｒａｍのいいね！の数やＴｗｉｔｔｅｒのリツイート数ということになり、拡散したくなるような投稿の工夫も必要になります。

ただし、ここで検討すべきは、フォロワー数や、これまでの投稿がどれくらい拡散しているかといったＳＮＳの現状です。

フォロワー数が20～30人ほどで、せっかくツイートしてもいいね！が1つや2つしかつかないのでは微妙で、かといって、1日に何回もつぶやくなど一生懸命に頑張って、アカウントをコツコツ育てようとするのは、時間と労力がかかり過ぎます。

いかに話題になって口コミしてもらえるかは成否に関係する重要なことなので、こうした状況なら、インスタグラマーなどのインフルエンサーに紹介してもらうことを検討すべきでしょう。

１００いいね！や１０００いいね！をもらえれば、それを見た人が「このお酒、話題になっている！」とさらにリツイートしてくれたりもします。

こういうところにこそ予算を割くべきです。

影響力がない状況でどれだけつぶやいても、どんどんリツイートされていく、という状況にはなりづらいのです。

そして、もし私が自分でやるのなら、ある程度の売上は立てたいので、たとえば、47都道府県のご当地ラベルを準備するなどして、シリーズものとして購入してもらえるプランにします。

こうすることで、すべての県を集めようとするコレクターに購入してもらえる可能性が出てきますし、47都道府県をコンプリートした際には、ずらりと並べた写真をＳＮＳに投稿してくれるでしょう。

ウイスキーやワイン、日本酒や焼酎など、アルコール類全般に共通していることですが、お酒をインターネットでプロモーションしようとする場合、企画や商品開発で勝負が決まってしまうことのほうが多いのです。

パッケージを変えるというのは、もちろん簡単なことではないと承知していますが、売上という結果を出すためにも思い切った決断が必要なこともあります。

これまでの努力とは関係なく、正しいウェブマーケティングを実践することです。

ケース3　トマト農家

「既存の販売ルートとは別に、新規で直接販売できる個人顧客を開拓したいです」

最近は、新鮮な野菜や魚を直接、個人に購入してもらうようになってきていて、それをサポートするモールやサービスも登場しています。

そうしたサービスを利用するのも方法でしょうが、ここでは違った角度から考えてみたいと思います。

トマト農家さんから個人顧客を新規開拓したいという相談を受けたら、インスタライブやＹｏｕＴｕｂｅのライブ配信をおすすめします。理由は２つあります。

１つは、予算の問題です。編集されたきちんとした動画を制作しようと思ったら、いくらかかるのかということです。

安くても2～3万、普通に外注したら20～30万はかかるでしょう。

さらに動画を１本だけ制作してても仕方ないので、何本か制作するとなると、それなりの予算が必要になるので、それを個人の農家さんで捻出するのは現実的ではない気がします。

そして、２つ目の理由です。

こちらが本質ですが、この動画を見るお客様が求めているのは、おもしろさや見栄えの良さではないでしょう。

おそらく見たいのは、編集加工されたものではなく、リアルなもののはずです。

余分なわき芽を取り除く様子や、収穫の際に古葉や小枝が混入しないようにしている、そんな丁寧に栽培されているリアルな姿を見たいはずです。

ですから、顔と名前を出して「私が作っている」「こんなふうにこだわっている」ということを伝えるだけで安心感が芽生えます。

実際、「すごく甘いトマトです」と文字でポップに書いてあるより、「すごく甘いトマトです」と言って、もぎ立てのトマトをガブリと食べるほうが説得力もあるので、「そのトマトを食べてみたい」という方からのお問い合わせも増えるでしょう。

ポイントは恥ずかしがらずに顔と名前を出すことですが、やることはシンプルです。

スマホで撮影しながら、ＩｎｓｔａｇｒａｍでもＹｏｕＴｕｂｅでも良いので、毎日のようにライブ中継します。

実際のライブでは「できたらあげますよ」などと農園のトマトを紹介。編集力ではなく、ドキュメントとして、収穫までをライブ中継していくのです。

最初の最初は、Ｉｎｓｔａｇｒａｍのフォロワー数やＹｏｕＴｕｂｅのチャンネル登録者数は少ないかもしれません。

でも、このプランの場合は、それでＯＫなのです。

というのも、ケース2のお酒の場合、インスタ映えする画像などで話題を喚起する必要があるので、インフルエンサーとのコラボをおすすめしましたが、トマト農家さんの場合、大切なのは臨場感なので、リアルタイムを追いかけるほうが良いのです。

また、年に1回など収穫のサイクルの問題もあるので、徐々に徐々に口コミで広がっていくプランのほうが無理がありません。

さて、この場合のＫＰＩは何だと思いますか。

ライブを見てくれた人数ではなく、ライブをした回数です。

根性論のように聞こえるかもしれませんが、毎週やると決めたらやり続ける。誰も見ている人がいなくてもやり続ける。誰に何と言われようとやり続ける。

どこでどうバズるかは本当のところ、わからないのです。

ですから、ライブを見てくれた人数ではなく、ライブをした回数。そこを指標として、プランを組み立てます。

自分自身がめげないことが大切です。

ケース4　キッチンカーでの移動販売

「新規事業でキッチンカーを始めるにあたって、ネットを効果的に活用したいです」

コロナの影響もあって、注目されているのがキッチンカーによる移動販売です。

でも、プランを間違えると、労力ばかりかかって赤字……という大変なことになってしまうのがキッチンカービジネスなのです。

なぜ、こんなことを言えるのかというと、じつは、私もネットマーケティングの事業とは別に、キッチンカーによる移動販売をやっています。

小山駅にあった立ち食いそば店の「きそば」を仕入れ、『小山のきそば号』というキッチンカーを走らせているのです。

その経験からお伝えできることは山ほどあるのですが、まず大前提となるのは、どんな商材を扱うかです。

ズバリ言えば、冷凍保存できない商材は、フードロスを避けられないのでおすすめできません。フードロスが出ると、赤字になりやすいのです。

「キッチンカーには冷蔵庫が付いているんじゃないの？」

そう思うかもしれませんが、では冷蔵で何食ぶんを、どれだけの時間、確保できるのかという課題がありますし、さらにどれだけの電力を使えるのかという課題もあります。

また、どんな商材を扱うかという意味では、季節に左右されず、１年を通じてやれる商材なのかも、事前にしっかりとリサーチしておくことです。

夏だけしか売れない場合、冬はどうするのかといったことも考えなければいけなくなってしまうので、冷凍保存できて、１年を通じたプランを考えられる商材を選ぶことがスタートラインになります。

キッチンカービジネスの合格ラインは、１日に10万を売り上げることができるかどうかです。

飲食をやっている方はご存知だと思いますが、原価を2～3割におさめたとして、仮に10万の売上があれば7～8万円が残ることになります。

ここからキッチンカーのガソリン代や出店料、人件費など、もろもろの経費を引いていくと、10万円のボーダーに乗らないとやりくりが難しくなってしまうのです。

事業としてやるなら、10万を超えるようなプランにしないと続けていけないでしょう。

ありがたいことに、この原稿を執筆時点で『小山のきそば号』は1日最高15万円を売り上げていますが、プランを立てる段階では、1日10万以上の売上を計算できて、なおかつ、売り切れる自信があるものにすることが大切です。

では、どんなプランにすると良いのかということですが、エンタメです。

いかにエンタメ性を持たせて、ファンを作ることができるかが、成功の鍵になります。

『小山のきそば号』で言えば、鉄道というのをひとつのテーマにしています。コアなお客様として想定しているのは「鉄オタ」と呼ばれる鉄道ファンで、そのために出店する場所の地名を入れた電車の切符を作って、きそばを食べに来られたお客様に配っています。

さらに、ただ配るだけでは芸がないので、自動改札が主流の今となっては懐かしい、切符を切るための改札パンチも用意しているのです。

カチカチと鳴らしながら、切符に切り込みを入れることで、鉄道ファンに喜んでもらえるわけです。

ちょっとしたことですが、こうしてエンタメ性を高めていったことで、出店するすべての場所に、まるで追っかけのようにお客様が来てくれるようになり、今では行列ができるようになっています。

ただ、こうしてファンがついたとしても、マンネリ化させないためのプランも考えなければいけません。

このとき、つい新商品を……などと考えてしまうかもしれませんが、それでは手間ばかり増えてしまいます。

商品は同じでも、何度もリピートしてもらうためには、どうすれば良いのか。

ここでも大事なポイントはエンタメです。

私は切符を3枚集めて持って来てくれたら、今度は限定のゴールド切符をプレゼントする、というようにしています。

ゴールド切符はお客さんにとっても自慢できるアイテムなので、結果として「お客様がお客様を呼ぶ」ための仕掛けとしても機能しています。

また、基本的には作る労力は変わらないので、お客様一人当たりの単価を上げるための努力も怠るわけにはいきません。

『小山のきそば号』で評判なのは、天ぷらや新生姜などすべてのトッピングを乗せた「全部乗せ」です。

普通の蕎麦よりも大きな丼に盛り付けてインスタ映えするようにしているので、ＳＮＳにも載せてもらえますし、まわりのお客様もビックリして

「うぉーっ」などと声を上げてくれます。

この「全部乗せ」はすべてのトッピングを盛り付ける関係で、早く来店していただかないと売り切れになってしまうのです。

ファンの方は、こうした裏事情もよくわかっていて先に並んでくれています。

さらに、「バクダンごはん」というサイドメニュー用意してみたり、グッズを作ってみたりなど、二次的要素を取り入れられないかを試行錯誤しています。

今、キッチンカーをやっているほとんどの方は、集客力のあるイベントに出店料を払って出店していますが、これではギャンブルでしかありません。

なぜなら、人が集まる人気のイベントは抽選になるため、外れると出店すらできませんし、仮に、抽選に当たって出店できたとしても、期待していたほどイベントに人が集まらないこともあるわけです。

だからこそ、Ｔｗｉｔｔｅｒで「今月の10日は●●に出店します」とつぶやいたら、お客様が楽しみにやって来てくれるようなことを私は目指しています。

これならイベントに頼らず、独自でやれるのです。

実際やるとなると、出店許可や保健所の許可、消防の許可などを取る必要もあり、手間はかかります。

それだけに、徹底的にリサーチするべきですし、キッチンカーのどこに何を置くのか、何食ぶんを入れるのか、どのくらいの売上を目指して、何人のスタッフでまわすのかといった細かなシミュレーションも欠かせません。

最後に、キッチンカービジネスのプラスの部分をお伝えしておきます。

キッチンカーの広告効果は期待以上なので、既存事業の広告として取り組むのはおもしろいと思います。

私もキッチンカーをやったことで、ウェブの相談を何件もいただいているのです。

「何だか大変そうだな……」と思うかもしれませんが、キッチンカーはエンタメに尽きる、というのが私の結論です。

ケース5　介護事業

「採用広告を出しても反応がないので、ネットを活用して、スタッフ不足を解消したいです」

介護に限らず、思うように採用が進まないというのはよくある話で、昔からこうした相談は少なくありません。

一般的には、自社サイトの中に採用情報を入れることが多いのですが、中長期にわたって採用の悩みを解決するために、本体のオフィシャルサイトとは別に、サテライトサイトを立ち上げることをおすすめしています。

サテライトサイトとは、集客やＳＥＯなど何らかの目的のために立ち上げたサイトのことで、このケースなら採用が目的になります。

なぜ、サテライトサイトを立ち上げるのが良いかと言えば、本来なら出会えない人に出会える可能性が出てくるからです。

オフィシャルサイトにはオフィシャルサイトの目的があります。

たとえば、自社の商品やサービスのことを知ってもらい、購入してもらうことです。

そのためオフィシャルサイトには、商品情報やその特徴、お客様の声などが掲載されています。

このオフィシャルサイトを見る人は、自社のことを知っている人や興味を持っている人がほとんどなので、まだ自社のことを知らない人にはアプローチできません。

そこで、サテライトサイトの出番です。

オフィシャルサイトには載せていない業界動向や一般的な労働条件など、介護業界なら、介護業界に興味がある人が知りたいと思うことを掲載します。

一般的な求人サイトに寄せるのではなく、「介護業界ってどうなの?」「やりがいは?」「介護の豆知識」などなど、介護の専門サイトを目指すことが大切です。

雇用する側とされる側の目線は真逆だったりするので、求人が目的とはいえ、そこは気をつけなければいけません。

こうしてサテライトサイトを立ち上げることにより、自社のことをまだ知らない人にアプローチできるようになります。

たとえば、サテライトサイトで介護のお仕事体験イベントを企画するといったことも一案でしょう。

こうしたイベントで接点を持つことができれば、その人のキャラクターや仕事の取り組み方など、面接よりもはるかにたくさんのことを知ることができます。

つまり、サテライトサイトで介護業界に興味がある人を集めて、その中から働きたい人を見つけていくというプランです。

大事なポイントは、このサテライトサイトでは、自社との関連を一切見せないことです。

社歴や商品情報を掲載するのでは、サテライトサイトを立ち上げる意味がなくなってしまいます。

自社のことをアピールしたい気持ちはグッとおさえて、客観的な介護の専門サイトに徹することです。

サテライトサイトを立ち上げるのは中長期のプランではありますが、じっくりと取り組むことによって専門サイトとしての信頼感が高まるので、SEOでも上位を取りやすくなります。

その信頼感の高いサイトがおすすめしている会社ということでオフィシャルサイトにリンクをすれば、オフィシャルサイトの価値も向上するのです。

採用の悩みの一時的ではない解決策となりますので、ぜひ取り組んでみてください。

おわりに

２０１９年12月、中国の武漢市で新型コロナウイルス（COVID-19）の感染者が出たという報告がなされ、わずか数カ月ほどの間に「パンデミック」と言われる世界的な流行となりました。

それから3年が経過しましたが、日本では第8波まで続き（２０２２年12月現在）、今後も長い戦いが続くのではと、私は思っております。

世の中はいつどのように変化するか予測もつかない激動の時代ですが、だからこそ、私は「インターネット」ウェブを活用したビジネスは、今後、さらにシェアを拡大すると考えています。

近い将来、人と人のコミュニケーションは、インターネットを介さずには成立できなくなるのではないでしょうか。

そんな思いが、この本を書こうと思った理由のひとつです。

私はこれまで１５００人を超える経営者と二人三脚でビジネスをおこなっ

てきましたが、その現場の実体験から「いかにプランが大切か」をお伝えしなければならないと痛切に感じています。

プランが大切ということは、ビジネスやマーケティングに限りません。私たちの「人生」にも共通していることです。

良いも悪いも、インターネットで簡単に情報が手に入る時代です。

何かにチャレンジするにしても、ともすれば失敗事例が目につき、「夢」や「希望」を持つことができなくなっていると感じています。

だからこそ、この本を手に取って読んでくださったあなたには「プラン」を練っていただきたいのです。

しっかりとしたプランができあがれば、あとはパズルやプラモデルを組み立てるように、そのプランを実行すれば成功できるはずです。

不安よりも行動が先に脳裏に浮かぶようなお手伝いができたらと、この本を執筆しました。

どんなことも最初からうまくいくことはありません。

世の中の成功者たちはみな武勇伝を語るかのごとく、「運が良かった」「たまたま」と言いますが、実際のところは緻密なプランを練り、「120%成功する」と確信しない限り、実行していないのです。

「孫子の兵法」にも書かれているように、「人生は戦略（プラン）がすべて」と言って良いと私は考えています。

戦争なら死んだらゲームセットですが、絶対に死なないための戦略こそ、プランなのです。

誰だって可能性は無限大です。

「最近の若者は……」と簡単に口にするより、私たちおじさん世代が若い人たち、子どもたちの未来を明るく照らすような、「夢」を持てる社会になることを願っています。

最後に、ここまで読んでくださったことに心から感謝申し上げます。

あなたの人生が幸せになるための一助になれば幸いです。

2022年12月吉日

吉田英樹

著者プロフィール
吉田英樹（よしだ・ひでき）

1970 年、栃木県小山市生まれ。ショップ経営、大工職人、リフォーム営業、広告代理営業などを経験し 2005 年に株式会社アド・プロモートを設立。現在は OfficeYoshidaGroup 会長 としてグループ会社を経営。

業種的にプロモーションが難しいといわれる業界のサポートを好み、これまでに延べ 1,500 を超える法人クライアントを支援している。2019 年より、子どもたちの未来を支援する NPO 法人あおりんご代表理事に就任。

著書に『ウェブ・マーケティングのプロが明かす「超・ネット販促」』『明日の出社が恋しくなる 73 のことば』『「好き」を仕事にする！ひとりビジネスのはじめ方 』（いずれも青月社）、『知識ゼロでも大丈夫！忙しい社長のための WEB 活用術』『教訓・名言の白と黒』（いずれもパブラボ）がある。

ウェブマーケティングはプランが９割

発行日　2023年3月25日　第１刷発行

定　価　本体1760円（本体1600円）

著　者　吉田英樹

イラスト　わたなべきよみ
発行人　菊池 学
発　行　株式会社パブラボ
〒359-1113　埼玉県所沢市喜多町10-4
TEL 0429-37-5463　FAX 0429-37-5464
発　売　株式会社星雲社（共同出版社・流通責任出版社）
〒112-0005　東京都文京区水道1-3-30
TEL 03-3868-3275

印刷・製本　株式会社シナノパブリッシングプレス

ISBN 978-4-434-31796-5